ABHANDLUNGEN
DER AKADEMIE DER WISSENSCHAFTEN DER DDR
Abteilung Veröffentlichungen der Wissenschaftlichen Räte
Jahrgang 1983 · Nr. W 2

Rechtswissenschaft und Gesetzgebung

AKADEMIE-VERLAG · Berlin 1983

Herausgegeben im Auftrage des Präsidenten
der Akademie der Wissenschaften der DDR
von Vizepräsident Prof. Dr. Heinrich Scheel

Verantwortlich für dieses Heft:
Prof. Dr. Gerhard Schüßler
Vorsitzender des Rates für staats- und rechtswissenschaftliche Forschung
an der Akademie der Wissenschaften der DDR

ISSN 0302 — 8054
Erschienen im Akademie-Verlag, DDR - 1086 Berlin, Leipziger Str. 3—4

Lizenznummer: 202 · 100/73/83
Gesamtherstellung: VEB Druckerei »Gottfried Wilhelm Leibniz«,
4450 Gräfenhainichen · 5978
Bestellnummer: 754 255 2 (2001/83/2/W) · LSV 0425
Printed in GDR
DDR 7,50 M

Inhaltsverzeichnis

Vorwort

Das gesellschaftspolitische Programm des X. Parteitages der SED enthält die wichtige Forderung, die sozialistische Staats- und Rechtsordnung planmäßig zu entwickeln und die sozialistische Gesetzgebung entsprechend dem Reifegrad der entwickelten sozialistischen Gesellschaft weiter zu vervollkommnen. Daraus ergeben sich auch für die Staats- und Rechtswissenschaft eine Reihe neuer Anforderungen und Aufgabenstellungen. Auf der Tagung des Rates wurden daher aus der Sicht der Rechtstheorie, der rechtswissenschaftlichen Zweigdisziplinen sowie der Staats- und Rechtspraxis wesentliche theoretische, methodische und methodologische Anforderungen und Aufgabenstellungen, wie sie sich aus den gesellschaftlichen und klassenmäßigen Grundlagen der entwickelten sozialistischen Gesellschaft der DDR für die weitere wissenschaftliche Fundierung der sozialistischen Gesetzgebung und für eine praxiswirksame wissenschaftliche Arbeit auf diesem Gebiet ergeben, erörtert. Im einzelnen wurden grundlegende Fragen der Wechselwirkung zwischen Rechtswissenschaft und Gesetzgebung behandelt; es wurde begründet, welchen Anteil die Rechtswissenschaft an der Gesetzgebung hat, welchen Beitrag die Rechtswissenschaft zur Vertiefung der wissenschaftlichen Grundlagen sozialistischer Gesetzgebung, ihrer Leitung und Planung leisten muß und welche Probleme theoretischer, methodischer und methodologischer Art insbesondere aus prognostischer Sicht und in Anbetracht der zunehmenden Komplexität der gesellschaftlichen Entwicklung dabei zur Lösung anstehen. Anschaulich und vielfältig wurden die aktive gesellschaftsgestaltende Rolle des sozialistischen Rechts, die Wechselbeziehungen zwischen Rechtswissenschaft und Rechtsetzung als sozial determinierter Bildungs- und Entwicklungsprozeß des Rechts in der sozialistischen Gesellschaft zum Ausdruck gebracht.

Karl A. Mollnau

Analyse des sozialistischen Rechtsbildungsprozesses – Rechtstheoretische Probleme und Fragestellungen

Wenn Marxisten gesellschaftswissenschaftliche Themen behandeln, die zur gleichen Zeit vom ideologischen Klassengegner intensiv erörtert werden, dann ist es unumgänglich, diese Themenerörterung in konfrontativ abgrenzender Darlegung und differenzierter und differenzierenden Polemik zu entwickeln. Das ist zwar keineswegs eine neue Einsicht, aber sicher eine, die noch nicht immer praktiziert wird. Indes heute und künftig muß sie, und zwar angesichts der vom XXVI. Parteitag der KPdSU und vom X. Parteitag der SED festgestellten enger werdenden Wechselwirkungen zwischen den außen- und innenpolitischen Faktoren, in den Rang einer methodischen Unabdingbarkeit gehoben werden.

Die Problemstellung Rechtswissenschaft und Gesetzgebung, die uns heute beschäftigen soll, ist nun ein solches Thema. In zunehmender Zahl erscheinen zu diesem Thema, vor allem in den westeuropäischen Ländern, Monographien und ein Symposium jagt das andere. Jüngst sind nun auch noch Bestrebungen in Gang gekommen, verschiedene nationale Gesellschaften für Rechtsetzung ins Lebens zu rufen, die – aus Vertretern der Wissenschaft und der Praxis bestehend – als Foren der rechtspolitischen Meinungsbildung in den bürgerlichen Staaten fungieren sollen. In Österreich wird derzeit eine solche Gesellschaft gerade aus der Taufe gehoben. Die Hinwendung zu Problemen der Gesetzgebung in der bürgerlichen Rechtswissenschaft ist eine Reaktion auf den erhöhten Stellenwert, den das bürgerliche Recht nach vollzogenem Übergang zum staatsmonopolistischen Kapitalismus im bürgerlichen politischen System einnimmt. Ziel dieser Hinwendung ist es, die klassenmäßig bestimmte Schlagkraft des bürgerlichen Rechts als eines Unterdrückungs- und Lenkungsinstruments der Großbourgeoisie zu erhöhen und den Versuch zu machen, das bürgerliche Recht stärker als ein Mittel für reformkapitalistische Bestrebungen auszugestalten.

Die Ausgangslage wird dabei von bürgerlichen Juristen so beschrieben: Gesetzgebung sei von altersher göttlichen Ursprungs gewesen oder zumindest göttlichem Ursprung zugeschrieben worden, sie habe sich bis heute mit dem Nimbus einer der rationalen Kontrolle unzugänglichen Institution umgeben und indem sie sich als Kunst gab, der wissenschaftlichen Kritik zu entziehen gewußt. Die Gesetzgebung befände sich im Zustand des Übergangs von der Mystik zur Rechtswissenschaft: „Der Medizinmann ist durch den Arzt, der Alchimist durch den Chemiker und der Astrologe durch den Astronomen schon vor vielen Jahrhunderten abgelöst worden. Nur in der Gesetzgebung, der maßgeblichen Regelung unserer Gesellschaftsordnung, leisten wir uns den Luxus, an dem Glauben festzuhalten, es handle sich um eine genialische Begnadung der damit befaßten Künstler."[1] Das forschungsstrategische Programm, das von bürgerlichen Rechtswissenschaftlern zur Lösung dieser Aufgabe entwickelt wurde, wird in der Forderung zusammengefaßt, es gelte von der Rechtssprechungs- zur Gesetzgebungswissenschaft überzugehen und über diese spezielle Disziplin habe die Rechtswissenschaft vor allem mit der Gesetzgebung in Verbindung zu treten.[2] Im Rahmen der Bestrebungen, die Rechtsetzung theoretisch zu analysieren, entwickeln sich zur Zeit in der bürgerlichen Rechtswissenschaft verschiedene konzeptionelle Ansätze. Zumeist wird so getan, als sei die Rechtsbildung kein vieldimensionaler Vorgang, der durch objektive Faktoren determiniert ist und an dem soziale Faktoren unterschiedlichen Gewichts beteiligt sind. Es wundert nicht, wenn in einer solchen Sicht die Rechtsbildungstheorie zu einer Lehre von der Technik und von den Verfahren der Gesetzgebung zusammenschrumpft. Streng achtet man darauf, den staatlich-rechtlichen Überbaubereich nicht zu verlassen und versucht, bestimmte Phänomene der Rechtsbildung und Gesetzgebung ausschließlich mit anderen Phänomenen dieses Bereichs in ursächliche Beziehung zu bringen.

Auch wird die altpositivistische Position vorgetragen, wonach der Jurist sich eigentlich nur für das fertige, geltende Recht zu interessieren habe, nicht aber dafür, wie man gute Gesetze macht. Der Jurist sei allenfalls Gesetzestechniker, der die Terminologie liefert, für die äußere und für die innere Ordnung sowie für die systematische Einbindung des neuen Gesetzes in die Verfassung und in die bestehende Gesetzesordnung sorgt und dem Normadressaten alles sprachlich und gedanklich zugänglich und plausibel macht.[3]

Daß die Gesetzgebung sozial determiniert ist und daß demzufolge eine theoretische Gesetzgebungsanalyse die sozialen Determinanten bezeichnen muß, wird nur von wenigen geahnt und von noch viel wenigeren aufgeworfen.[4] Interessant ist in diesem Zusammenhang der Vorschlag von Maihofer, die bürgerliche Gesetzgebungslehre um eine sogenannte Taktik der Gesetzgebung zu erweitern, die Verfahren der Beeinflussung und Steuerung der Gesetzgebung zum Gegenstand haben soll.[5]

Es muß aber gefragt werden, von welchem Ansatz her und zu welchem Zweck eine Analyse der Gesetzgebungstaktik betrieben werden soll. Wird sie durchgeführt, um das taktierende und lavierende Verhalten des Gesetzgebers zu optimieren, dann trägt sie dazu bei, das manipulative Element der bürgerlichen Rechtsetzung zu verstärken, das der Verfasser in der Gesetzgebungspraxis seines Landes beklagt. Wird dagegen die Gesetzgebungstaktik von einem kritischen Ansatz her analysiert, wird dies die Einsicht in das Gefüge der sozialen Determinanten, die die Rechtsbildung mitkonstituieren oder beeinflussen, weiter differenzieren.

Ohne an dieser Stelle weiter auf die Bemühungen eingehen zu können, die von der bürgerlichen Rechtswissenschaft derzeit unternommen werden, die Gesetzgebungsprozesse auf theoretische Grundlagen zu stellen, sei doch festgehalten: Den Versuchen, eine wie auch immer zu bezeichnende neue Disziplin zu entwickeln und über diese die bürgerliche Rechtswissenschaft mit der Rechtsetzung in Beziehung treten zu lassen, ist von den Grundpositionen des marxistischen Rechtskonzepts her zunächst einmal entgegenzuhalten, daß die Rechtswissenschaft insgesamt nicht auf die Analyse der Bedingungen, Prozesse und Prozeduren der Rechtsbildung und Rechtsetzung verzichten kann und darf. Ohne das Recht genetisch zu analysieren, kann man weder seine Funktionen, noch seine Effektivität erfassen und bewerten. Daß Rechtsbildung und Rechtsetzung keine Ressortangelegenheit bestimmter Bereiche der Rechtswissenschaft sind, kann angesichts der noch komplexer gewordenen gesellschaftlichen Beziehungen, in denen das Recht steht, die es bedingen und in seiner Wirkung beeinflussen, nicht nachdrücklich genug unterstrichen werden. Diese Einsicht gehört mit zu den elementaren Voraussetzungen, um die rechtspolitische Aufgabenstellung des X. Parteitages der SED auf dem Gebiet der Rechtsetzung zu erfüllen, die besagt, ausgehend von den Anforderungen der Zukunft, die sozialistische Rechtsordnung ständig zu vervollkommnen und solche Gesetze und Rechtsvorschriften zu überarbeiten oder neu zu fassen, die dem Stand der Entwicklung nicht mehr entsprechen.[6]

Die Entwicklung und Vervollkommnung des sozialistischen Rechts ist ein Prozeß, der solange nicht abgeschlossen ist, solange dieses Recht besteht. Wer das leugnet und einen Punkt fixieren möchte, an dem sich das sozialistische Recht fix und fertig als System ewig geltender Normen herausgebildet hat, verkehrt die Relation zwischen Gesellschaft und Recht und verkennt die rechtspolitische Notwendigkeit, das sozialistische Recht an die sich permanent verändernden inneren und äußeren Bedingungen des Sozialismus anzupassen, damit es diese Bedingungen beeinflussen kann. Der Dynamik der gesellschaftlichen Entwicklung kann das sozialistische Recht nur Stabilität verleihen, wenn es selbst dem Reifegrad der Gesellschaft entsprechend verändert wird. Die Wechselbeziehungen zwischen Rechtswissenschaft und Rechtsetzung sind ein Teilproblem dieses sozial determinierten Bildungs- und Entwicklungsprozesses des Rechts in der sozialistischen Gesellschaft, wobei diese Wechselbeziehungen temporär nicht beschränkbar sind, sondern ständig vorhanden sein müssen. Die marxistisch-leninistische Rechtskonzeption kann nicht auf Problemstellungen des Wirkens und Durchsetzens von Rechtsnormen eingeengt werden; ihr ist jede Art von Rechtsfunktionalismus und -instrumentalismus fremd. Ohne auf die Bildung, Veränderung und Entwicklung des Rechts analytisch einzugehen oder sie zumindest zu berücksichtigen, lassen sich in keinem Bereich der Rechtswissenschaft theoretisch bündige Aussagen machen. Die genetische Rechtsanalyse ist das Fundament der funktionalen Rechtsanalyse, diese ist ohne jene nicht materialistisch durchführbar. Ohne genetische Rechtsanalyse, die den materiell determinierten Klasseninhalt des Rechts aufdeckt, ist die klassenmäßige Zielgerichtetheit rechtlichen Wirkens nicht erkennbar.

Diese Einsicht bildet einen unverrückbaren Eckpfeiler der marxistischen Rechtstheorie; gleichzeitig unterscheidet sie diese in weltanschaulicher, methodologischer und methodischer Hinsicht von der bürgerlichen Rechtswissenschaft, die seit Hegels Rechtsphilosophie – sieht man von den Forderungen zu rechtsetzungstechnischen Fragen und von der praxisirrelevanten Rechtsmetaphysik einmal ab – zur reinen Rechtsanwendungslehre oder noch schlimmer, zur Rechtsprechungslehre, heruntergebracht wurde.

Sich der Rechtsetzung zuzuwenden, ist weder ein Vorrecht noch eine Ressortangelegenheit einzelner Disziplinen, sondern die marxistisch-leninistische Rechtswissenschaft hat sich als Ganzes sowie in all ihren Gliederungen um die Rechtsetzung zu kümmern. Davon ist die Rechtsgeschichtswissenschaft nicht ausgenommen, denn sie ist dem Grunde nach Rechtssoziologie, die nach hinten betrieben wird, um besser vorwärts gehen zu können. Daß sich die Rechtswissenschaft als Ganzes um die Rechtsetzung zu kümmern hat, entspricht der Natur der marxistischen Rechtskonzeption, deren essentieller Bestandteil die genetische Rechtsanalyse schon deshalb ist, weil diese Rechtskonzeption von den Klassikern als integraler Teil ihrer dialektisch-materialistischen Gesellschaftstheorie entwickelt wurde. Die Beziehungen zwischen Rechtswissenschaft und Rechtsbildung lassen sich unter zwei voneinander zwar nicht zu trennenden, aber doch zu unterscheidenden, Aspekten sehen:

a) Einmal unter der Fragestellung, wie die Rechtswissenschaft die Rechtsbildung beeinflußt und welchen Anteil jene an dieser hat oder haben sollte. Dabei wird die Rechtswissenschaft selbst als ein Faktor des Rechtsbildungsprozesses aufgefaßt, der seinerseits nicht auf Rechtsetzung eingeengt, sondern als multifaktorieller sozialer Vorgang mit dem sozialistischen Staat als Rechtsetzungssubjekt gesehen wird.[7]

b) Zum anderen unter dem Gesichtspunkt, welchen Beitrag die Rechtswissenschaft, namentlich die Rechtstheorie, erbringen muß, um theoretische, methodologische und methodische Grundlagen für die staatliche Rechtsetzung, ihre Leitung und Planung zu schaffen.

In der Rechtsetzungsordnung der DDR sind beide Aspekte berücksichtigt. Das Schwergewicht wurde allerdings auf den zweiten Aspekt gelegt, und zwar dahingehend, was diesbezüglich gegenwärtig von der Rechtswissenschaft zu erbringen ist bzw. was erwartet wird, legt § 11, Buchstabe a bis c im Detail fest.[8] Wenden wir uns zunächst der unter a) genannten Fragestellung zu. Wie bereits vermerkt, ist von ihren historisch-materialistischen Grundlagen her die marxistisch-leninistische Rechtskonzeption von Anfang an eine Theorie, die sich mit der Bildung und Wirkung des Rechts befaßt. Sie bewegt sich deshalb niemals nur und ausschließlich in dem vorgegebenen Rahmen des geltenden Rechts und in seiner gerade gegebenen geltenden Regelungsstruktur, sondern sie hat immer auch die gesellschaftlichen Grundlagen der Regelungen aufzudecken, sie hat aber auch – und daß ist nur die andere Seite – über die Grenzen des derzeit geltenden Rechts hinauszublicken, um das in den Blick zu bekommen, was morgen rechtlich geregelt werden kann und muß. De lege ferenda-Überlegungen sind daher der marxistisch-leninistischen Rechtswissenschaft inhärent.

In dieser methodisch-theoretischen Grundposition der marxistisch-leninistischen Rechtskonzeption sind die besten, progressivsten rechtsphilosophischen Traditionen auch fortschrittlicher Denker des Bürgertums aufgehoben.[9] Insofern ist es von bürgerlicher Seite auch eine Verleugnung eigener Traditionen, wenn heute apodiktisch postuliert wird, man müsse von der Rechtsprechungswissenschaft zur Gesetzgebungswissenschaft übergehen.

Präzise und wissenschaftlich begründete de lege fernda-Überlegungen sind eine unentbehrliche Voraussetzung für anteiliges Mitwirken der Rechtswissenschaft an der Rechtsbildung. Das gilt auch heute, da die entwickelte sozialistische Gesellschaft auf ihren eigenen Grundlagen gestaltet wird, zu denen auch das sozialistische Recht gehört. Allerdings ist damit auch eine neue Bedingung gegeben.

Ging es in der Periode der Schaffung der Grundlagen des Sozialismus in erster Linie um die Überwindung alten, in der bürgerlichen Zeit gesetzten Rechts und seiner Regelungsstrukturen, so geht es heute darum, alt gewordenes und überholtes, aber vom sozialistischen Gesetzgeber selbst gesetztes Recht zu überwinden bzw. fortzubilden oder zu vervollkommnen. Im einen wie im anderen Falle geht es um einen dialektischen Prozeß, um die Auseinandersetzung zwischen Altem und Neuem in der Rechtsbildung und -entwicklung; allerdings hat diese Auseinandersetzung in den beiden Fällen eine differente soziale und klassenmäßige Grundlage.

Nehmen wir das Beispiel der Zivilrechtsbildung. Das Zivilgesetzbuch (ZGB) der DDR wurde in einem langen Prozeß permanenter Rechtskritik an den sanktionierten Regelungen des Bürgerlichen Gesetzbuches (BGB) vorbereitet. Art, Ausmaß und Tiefe dieser Kritik läßt sich gut feststellen, wenn man die einzelnen vom Ministerium der Justiz der DDR verantstalteten Ausgaben des BGB miteinander vergleicht. Nebenbei bemerkt, sind sie auch eine Fundgrube für Belege, welchen Anteil die staatliche Rechtsanwendung, besonders die Rechtsprechung, an der Rechtsbildung tatsächlich hat. Zutreffend ist darauf aufmerksam gemacht worden, daß der Beginn einer breiten systematischen Kritik an BGB-Regelungen im Zusammenhang mit dem Beschluß der 2. Parteikonferenz der SED 1952 gesehen werden muß, die Grundlagen des Sozialismus in der DDR aufzubauen.[10]

Maß und Grundlage der kritisch-wissenschaftlichen Haltung gegenüber den sanktionierten und ehemals geltenden Regelungen des BGB war der Reifegrad der gesellschaftlichen Verhältnisse, wie er in den Beschlüssen der Partei analysiert und definiert wurde. Deshalb ging es bei dieser Haltung im Grunde auch um die Realisierung der führenden Rolle der Partei im Rechtsbildungsprozeß, und zwar auf dem spezifischen Feld der Wechselwirkung von Rechtswissenschaft und Gesetzgebung.

Es wäre aber verfehlt anzunehmen, eine solche kritisch-wissenschaftliche Haltung sei nur angebracht gewesen gegenüber dem aus der bürgerlichen Zeit stammenden Recht. Auch heute, da durch die Realisierung des Gesetzgebungsprogramms des VIII. und IX. Parteitages der SED im Prinzip durchweg vom sozialistischen Staat originär gesetzte rechtliche Regelungen bestehen, ist sie unentbehrlich. Auch im auf eigener Grundlage sich entwickelnden Sozialismus, zu der auch das von ihm selbst gesetzte Recht gehört, muß das geltende Recht immer wieder an den Parteibeschlüssen, an den tatsächlichen gesellschaftlichen Erfordernissen gemessen werden. So wenig wie die Theorie vorangebracht wird, wenn eine These nur aus einer anderen deduziert wird, so wenig führt es in der Rechtsbildung zu etwas, wenn eine rechtliche Regelung nur aus einer anderen abgeleitet wird oder wenn veraltete Regelungen nur unter innerrechtlichen Systemerfordernissen, ohne Beachtung der Wirklichkeit, durch andere ersetzt werden.

Ein Blick in unsere juristischen Lehrbücher der zweiten Generation zeigt allerdings, daß das de lege ferenda-Denken ungenügend entwickelt, ja, in manchen Disziplinen unterentwickelt ist. Beschreibungen des normativen Regelungsgehaltes sowie Analysen seiner gegebenen gesellschaftlichen Grundlage herrschen vor, beides ohne Zweifel notwendig, aber angesichts der strategischen gesellschaftspolitischen Konzeption des X. Parteitages der SED und der mit ihr korrespondierenden bzw. auf ihr fußenden Forderung, die sozialistische Rechtsordnung von den Zukunftserfordernissen her zu gestalten, durchaus nicht ausreichend. Auch sei darauf verwiesen, daß die ehemals von der Rechtswissenschaft mit vielen produktiven Anregungen für künftige Rechtsetzungen versehene Urteilskritik rückläufig ist. Seltener als vor zehn, zwanzig Jahren erscheinen in der „Neuen Justiz" (Zeitschrift für sozialistisches Recht und Gesetzlichkeit, Staatsverlag der DDR) Urteilsanmerkungen von Rechtswissenschaftlern.

Welche Aufgaben stehen vor der Rechtswissenschaft, um unter den Bedingungen eines durchweg vom sozialistischen Gesetzgeber originär gesetzten geltenden Rechts ihrer Rolle als am Rechtsbildungsprozeß im vorgenannten Sinne beteiligter Faktor gerecht zu werden? Aktivitäten in zumindest vierfacher Hinsicht sind dazu erforderlich:

Erstens hat die Rechtswissenschaft, in der Regel gemeinsam mit Praxisorganen, Effektivitätsanalysen zu geltenden rechtlichen Regelungen durchzuführen. Diese Analysen stellen vor allem de lege lata-Bewertungen dar und sind Grundlage für rechtspolitische Entscheidungen um ein effektiveres Wirken des geltenden Rechts zu erreichen. Ihre Impulsgebung für die künftige Rechtsetzung ist verstärkt zu entwickeln. Damit ist vor allem die Indikatorfunktion solcher Analysen gemeint; sie helfen, alterndes oder totes Recht zu erkennen sowie Regelungslücken, Regelungswidersprüche und Regelungsunvollständigkeit aufzuspüren. Ferner bringen sie auch gelegentlich neue Regelungsnotwendigkeiten zutage.

Zweitens sind Vorschläge für Regelungskonzeptionen für bestimmte gesellschaftliche Bereiche auszuarbeiten. Sie sind noch keine rechtlichen Regelungen, sondern Aussagen über soziale und rechtliche Ziele einer ins Auge gefaßten Regelung, über ihre Adressaten, ihre Kosten-Nutzen-Relation, über ihre Einordnung in das System des bereits geltenden Rechts usw.

Drittens sind, aufbauend auf solchen Konzeptionen, Regelungsvarianten auszuarbeiten, und zwar möglichst verbunden mit einer ersten Voreinschätzung des wahrscheinlich eintretenden Regelungserfolges, einschließlich zu erwartender positiver und negativer Nebenwirkungen.

Viertens sind de lege ferenda-Überlegungen zur Gestaltung des sozialistischen Rechtssystems als Ganzes, und zwar im Sinne eines heuristischen Modells nötig. Mit dieser Formulierung greife ich Gedanken auf, die Gerhard Pflicke[11] und seine Mitarbeiter bereits vor einigen Jahren vortrugen. Leider hat diese Anregung unverdientermaßen wenig Beachtung gefunden, obgleich sie für die Leitung und Planung der Rechtsetzung von großer Bedeutung ist. Ein solches Modell müßte, ausgehend von der gesellschaftspolitischen Strategie der Partei, für einen längeren Zeitraum, etwa bis zum Jahre 2000, die Grundlinien zur Weiterentwicklung des sozialistischen Rechtssystems enthalten und sich dabei besonders solchen neuen Fragen, welchen Einfluß die wissenschaftlich-technische Revolution und die globalen Probleme auf die Rechtsentwicklung zunehmend ausüben werden, zuwenden. Wenn es richtig ist, daß der marxistisch-leninistische Rechtswissenschaft auf Grund ihres historisch-materialistischen Ansatzes rechtsbildungstheoretische Überlegungen inhärent sind, dann ist die de lege ferenda-Überlegung, die Erörterung des Rechts unter dem Gesichtspunkt seiner künftigen Gestaltung, ein fortwährender Teil jeder rechtswissenschaftlichen Arbeit. Nicht erst dann muß die Rechtswissenschaft solche Überlegungen anstellen, wenn sie von den Staatsorganen oder von der Partei dazu aufgefordert wird, sondern wenn konkrete Gesetzeswerke vorbereitet werden und wenn sie zur Mitwirkung eingeladen wird, dann sollte das nur ein Anlaß sein, all die Überlegungen, die sie bereits angereichert hat, einzubringen. Es lohnt sich, unter diesem Aspekt über juristische Grundlagenforschung und angewandte Forschung nachzudenken.

Nur wenn die Rechtswissenschaft erkennt und entsprechend praktiziert, daß Überlegungen zur Entwicklung des sozialistischen Rechts zu ihrer Natur gehören, wird sie als Komponente der Rechtsbildung in der sozialistischen Gesellschaft voll wirksam. Es gilt all das mit Leben zu erfüllen was an Anspruch und Erwartung in der Ordnung über die Vorbereitung und Gestaltung von Rechtsvorschriften formuliert wurde.

Damit ist natürlich nicht gesagt – ausdrücklich sei's betont – die Rechtswissenschaft habe zu entscheiden, wann ein Rechtsetzungsakt zu erlassen oder wann etwa neu zu regeln ist; das ist und bleibt Sache des Gesetzgebers.

Dazu gehört freilich auch – womit zu der unter b) benannten Problemlage übergegangen wird – den Rechtsbildungsprozeß weiter theoretisch zu analysieren, um eine den künftigen praktischen Erfordernissen nachkommende Rechtsetzungsmethodologie und -methodik zu entwickeln. Eine Aufgabe, die zwar nicht gänzlich neu ist und weit über das hinausgeht, was traditioneller Weise unter Gesetzgebungstechnik verstanden wird, die aber nunmehr unter neuartigen Bedingungen weiter gelöst werden muß. In den siebziger Jahren wurden in meisten sozialistischen Ländern, wenn auch in unterschiedlicher Gestalt und mit unterschiedlichem Verbindlichkeitsgrad, Verfahrensvorschriften für den Rechtsetzungsprozeß erlassen. Damit gibt es nicht mehr nur prozessuale Normen für die Anwendung des Rechts, sondern auch solche für dessen Produktion. Mit dem Erlaß derartiger legistischer Vorschriften und Richtlinien sehen wir uns einer Entwicklung gegenüber, deren Ziel es ist, auch die Bildung von Normen des menschlichen Zusammenlebens, die das Tun und Lassen der Menschen millionenfach beeinflussen und bestimmen, in stets steigendem Maße der bewußten, planmäßigen Gestaltung zu unterwerfen. Das kann man allerdings von den ebenfalls in den letzten Jahren erlassenen Rechtsetzungsordnungen in verschiedenen bürgerlichen Staaten, wie z. B. Österreich, die Schweiz und die BRD, nicht sagen, denn diese Ordnungen bewegen sich nur im engen Rahmen gesetzgebungstechnischer Fragen, ja, zum großen Teil behandeln sie bloß Dinge der sprachlichen Gestaltung von Rechtsnormen und Normativakten. Insofern ist es auch nicht abwegig, den bürgerlichen Rechtsetzungsordnungen einen der Kommunikationsverbesserung zugeordneten technokratischen Stellenwert zuzuschreiben.[12] Daß freilich mit einer solchen technokratischen Apostrophierung der legistischen Richtlinienproblematik bürgerliche Juristen vom Schlage Lachmayers unter Beweis stellen, nicht einmal zu ahnen, inwiefern sich hinter den Normierungsversuchen des Rechtsetzungsverfahrens eigentlich das zukunftsträchtige Problem der bewußten Leitung und Planung der Rechtsentwicklung verbirgt, steht auf einem anderen Blatt.

Die Normenbildung in der sozialistischen Gesellschaft der Leitung und Planung zugänglich zu machen, heißt: Recht ist nicht länger nur Maß und Mittel, Instrument der Leitung, sondern wird auch mehr und mehr deren Objekt.

Daß diese Entwicklung mittelfristig für den juristischen Lehrinhalt an den Universitäten[13] wie kurzfristig für die juristische Forschung Konsequenzen hat, sollte auf der Hand liegen. Jedenfalls kann die weitere Ausarbeitung einer Rechtsbildungstheorie und einer auf ihr fußenden Rechtsetzungsmethodologie und -methodik nicht an den geltenden legistischen Richtlinien vorbei erfolgen, sondern diese sind zu untersetzen und auch weiterzuentwickeln.

Eine Problemstellung, die noch immer unzureichend gelöst ist, ist die Beziehung zwischen objektiven, speziell ökonomischen Gesetzen der sozialistischen Gesellschaft und ihren juristischen Gesetzen. Den sozialistischen Rechtsbildungsprozeß wissenschaftlich fundiert zu handhaben, ihn politisch zu leiten und zu planen, setzt voraus, das Verhältnis zwischen sozialer Wirklichkeitserkenntnis und staatlichem Willensbildungsprozeß in der Rechtsetzung differenzierter zu erfassen. Sozialistisches Recht beruht auf Wissen; sozialistisches Recht verkörpert zur politischen Macht gewordene objektive Gesetzmäßigkeit. Daß sozialistische Rechtsnormen auf empirischer wie theoretischer Gesellschaftsanalyse basieren, hat auch seinen Niederschlag in ihrer Begründung zu finden. Das Begründen von sozialistischen Rechtsnormen ist jener Vorgang, in dem durch Behauptungen nachzuweisen versucht wird, daß das rechtsnormativ vorgeschriebene Tun oder Lassen zu einem gesellschaftlichen Zustand führt, der objektiven Gesetzen des Sozialismus entspricht und bestimmte angestrebte soziale Ziele realisieren hilft. Erkenntnistheoretisch geht es bei dieser Problematik um das Verhältnis von Aussage und Norm. Die Transformation von Aussagen in Rechtsnormensätze ist ein Spezifikum rechtsetzender Tätigkeit, das mehr erforscht zu werden verdient.[14] Dabei kann und muß sich die Rechtswissenschaft auf die einschlägigen Ergebnisse der marxistisch-leninistischen Philosophie und Ethik[15] sowie der Normenlogik[16] stützen.

Je besser Rechtsnormen wissenschaftlich begründet sind, um so wirksamer sind sie, wobei zu einer gelungenen Begründung von Rechtsnormen auch deren moralische Fundierung gehört. Rechtsnormen mit gelungener Begründung verfügen im allgemeinen über größere ideologische Kraft; sie erleichtern es den Adressaten, sich mit ihnen zu identifizieren und wirken motivierend bei der Einhaltung des Rechts und der Gesetzlichkeit.

Ohne Zweifel ist die Festigung der Gesetzlichkeit eine Sache der strikten und genauen Einhaltung des Rechts. Auch trägt zur Festigung der Gesetzlichkeit all das bei, was die innere Widerspruchsfreiheit, die innere Konsistenz des Rechts erhöht, was es handhabbarer macht usw. Aber die Frage, ob eine Handlung dem Gesetz entspricht, setzt sich ja in der weiteren Frage fort, ob das Gesetz den objektiven Gesetzen und den Zielen, die der historischen Berufung der Arbeiterklasse gemäß sind, adäquat ist. Festigung der Gesetzlichkeit umschließt deshalb die Vervollkommnung auch des Rechtsinhalts, ja setzt diese in gewisser Weise sogar voraus. Dem sozialistischen Recht wächst vor allem deshalb Autorität zu, weil es über einen hohen Realitätsgehalt verfügt. Wie rechtssoziologisch belegbar, gibt es signifikante Relationen zwischen dem Realisierungsgrad des sozialistischen Rechts, seiner Effektivität und dem Niveau, auf dem die Lebensbedingungen und Interessen der Arbeiterklasse und ihrer Verbündeten normativ zum Ausdruck gebracht werden. Schon dies zeigt, daß in der sozialistischen Gesellschaft Gesetzlichkeit und Gerechtigkeit zusammen gehören. Gesetzlichkeit von der Gerechtigkeit zu trennen, heißt erstere inhaltsleer zu machen. Im Recht nur ein Maß zu sehen, aber zu übersehen, daß es selbst nach einem Maß gestaltet werden muß, gehört zum Rechtspositivismus und ihm verwandter Schulen. Das Maß, nach dem das sozialistische Recht gebildet wird, sind die objektiven Gesetze und die Interessen der Arbeiterklasse und ihrer Verbündeten. Dies ist und bleibt eine zentrale theoretische wie rechtspolitische Frage. Sie muß praktisch immer wieder neu bewältigt werden und stellt sich in jeder gesetzgeberischen Entscheidung immer wieder neu.

Bei der Transformation von Aussagen über rechtliche regelungsnotwendige Gesellschaftsverhältnisse in rechtlichen Regelungen taucht als weiteres Problem auf, wie die Struktur dieser Regelungen zu gestalten ist. Strukturanalysen des Rechts sind für die weitere Vervollkommnung der Rechtsetzungstätigkeit unerläßlich, denn sie sind eine Voraussetzung für eine rationelle Strukturgestaltung in der Rechtsetzung. Ein Problem der Strukturgestaltung des Rechts ist zum Beispiel – und darauf wurde in der Effektivitätsstudie zum Wirtschaftsrecht, die unter Leitung von Uwe-Jens Heuer angefertigt wurde, hingewiesen – derzeit die ungleich gerichtete Relation zwischen Aufgabenstellungen in Normativakten und entsprechender Rechte/Pflichten-Festlegungen, die ihnen zuzuordnen sind.[17]

Aber strukturelle Fragen, die in der Rechtsetzung zu beachten sind, betreffen nicht nur die Normenstruktur, sondern in gleicher Weise die Struktur von Normativakten sowie die Verkettung von Normen und Rechtsinstituten untereinander, und zwar unabhängig von den Rechtszweigen, zu denen sie gehören. Werden diese Fragen näher untersucht, kann wahrscheinlich das Normenvolumen zahlenmäßig verringert werden, was der Überschaubarkeit unseres Rechts zugute käme. Auch scheint es mir sinnvoll zu sein, die strukturelle Funktion der sogenannten „Allgemeinen Teile“ und der Präambeln genau zu untersuchen. Die gegenwärtige Praxis ist gerade in dieser Beziehung sehr unterschiedlich, wobei die Gründe, warum manche Normativakte mit „Allgemeinen“ Teilen und Präambeln versehen sind, andere aber wiederum nicht, nicht ohne weiteres einsehbar sind.

Sicher ließen sich weitere Probleme anführen, die zwar nicht völlig neu sind, deren Bearbeitung aber angesichts der Entwicklung des Rechts, vor allem seiner Bildung, zu einem Objekt der Leitung und Planung nicht mehr aufschiebbar ist. Allein nach meinem Dafürhalten ist noch eine grundsätzlichere Frage aufzuwerfen: Wird es nicht zu einem Hemmnis der Theorieentwicklung und ihrer Praxiswirksamkeit, wenn wir weiter wie bisher die Prozesse der Bildung und Wirkung des Rechts mehr oder weniger neben- oder hintereinanderstehend betrachten und sie – zugespitzt gesagt – lediglich verbal oder additiv zu einer Einheit erklären, anstatt beide in ihrer essentiellen und funktionalen Untrennbarkeit zu erfassen und zu sehen, daß die Bildung des Rechts sich in seinem Wirken fortsetzt? Das hieße, den Prozeß rechtlicher Regelung gesellschaftlicher Verhältnisse ganzheitlich, aber arbeitsteilig organisiert und in seiner Widersprüchlichkeit zu analysieren. Eine solche Betrachtungsweise würde nicht nur der angesichts der Dialektik zwischen wissenschaftlich-technischem, ökonomischem und sozialem Fortschritt sowie des verschärften und komplizierteren weil vielschichtiger gewordenen Klassenkampfes komplexer werdenden Beziehungen der Realität des sozialistischen Rechts angemessener sein, sondern würde auch verschiedene praktische Probleme, über die teilweise seit längerem wenig fruchtbringend oder überhaupt nicht debattiert wird, lösen helfen.

Einiges sei angedeutet – ausführlich erörtert wurde dies bereits an anderer Stelle[18] – so etwa: Welchen Anteil hat die staatliche Rechtsanwendung an der Vorbereitung neuer Rechtsetzungsakte? Wird das geltende Recht durch Rechtsanwendungsakte fortgebildet? Gibt es normative Rechtsanwendungsentscheidungen und wenn ja, welchen juristischen Charakter tragen sie? Welche Konsequenzen hat die tendenzielle Zunahme von Bewertungsbegriffen in Rechtsnormen für den schöpferischen Charakter der Rechtsanwendung?

Eine solche ganzheitliche Betrachtungsweise des rechtlichen Regelungsprozesses ist – dies muß betont werden – vor allem deshalb nötig, um die in der realen sozialistischen Rechtsordnung und ihrer geschichtlichen Entwicklung allenthalben nachweisbaren Einflüsse des Wirkens des Rechts auf seine Bildung sowie die Tatsache der Bildung von Recht im Prozeß seiner Wirkung, theoretisch auf den Begriff zu bringen. Klaus Heuer fordert deshalb richtig mit Blick auf den hohen Anteil der Rechtsprechung bei der Herausbildung des sozialistischen Rechts in der DDR, die Rechtswissenschaft sollte, auch wenn sich die Rolle der Gesetzgebung bei der Bestimmung des Inhalts der Rechtsentwicklung immer mehr erhöht habe, den großen Einfluß, den die Rechtspraxis auf den Inhalt der Gesetzgebung und damit auf die Rechtsentwicklung auch heute ausübt, nicht unterschätzen.[19]

Außerdem ermöglicht es eine solche, in der angedeuteten Weise ganzheitliche Betrachtung des rechtlichen Regelungsprozesses, wirkungsvoll Versuchen in Theorie und Praxis begegnen zu können, die diesen Prozeß in einzelne Teile aufspalten wollen, sie gegeneinander gestellt und untereinander in Konkurrenz stehend sehen möchten, um die Rechtsordnung zu pluralisieren. Die Taktik der Pluralisierung ist jedenfalls nicht voll erfaßt, wenn sie nur von der Gesetzgebung her gesehen wird, und zwar dort, wo die Rechtsetzung zur pluralen Interessenkombination herabgedrückt wird. Ohne eine neue Begrifflichkeit einführen oder bekannte Sachverhalte umtaufen zu wollen, könnte man sich auf folgendes heuristisches Arbeitsmodell der rechtlichen Regelung als eines ganzheitlichen Prozesses verständigen: Er beginnt mit der Herausbildung rechtlicher Regelungsnotwendigkeiten gesellschaftlicher Verhältnisse und entsprechender Rechtsforderungen, führt über Rechtsetzungsplanung, staatliche Willensbildung und normensetzende Entscheidungen staatlicher Organe sowie Umsetzung der Normen in Handeln und reicht hin bis zu den durch dieses Handeln bewirkten sozialen Veränderungen, die ihrerseits wiederum neue rechtliche Regelungsnotwendigkeiten mitkonstituieren oder bestehende modifizieren.

In der Ganzheitlichkeit des rechtlichen Regelungsprozesses ist nach meinem Dafürhalten das Analogon zur Einheitlichkeit der Staatsgewalt zu sehen. Demzufolge sind die Wechselbeziehungen zwischen den einzelnen Elementen und Teilvorgängen dieses Prozesses auch als Ausdruck der einheitlichen, aber arbeitsteilig organisierten Machtausübung zu interpretieren. Deshalb ist es richtig, wenn dagegen polemisiert wird, die Beziehungen Gesetz – Rechtsanwender, Rechtsetzung – richterliche Rechtsfortbildung, von der Illusion der Gewaltenteilungslehre ausgehend – als Machtrivalität zwischen den Organen der Rechtsanwendung hinzustellen.[20]

Folgt man dieser vorgeschlagenen Analogisierung, dann erscheint es sinnvoll, den rechtlichen Regelungsprozeß in bewußter theoretisch-methodischer Anlehnung an den demokratischen Zentralismus zu analysieren. So wie straffe zentrale Leitung und Entfaltung der schöpferischen demokratischen Mitwirkung untereinander in Wechselwirkung stehen und einander ergänzen, so stehen auch Rechtsbildung und Wirken des Rechts, Rechtsetzung und Rechtsanwendung untereinander nicht in konkurrierenden Beziehungen. So wie die verstärkte zentrale Leitung nicht die Entfaltung der demokratischen Mitwirkung der Werktätigen ausschließt sondern voraussetzt, so schmälern die Einflüsse und Rückwirkungen, die vom Wirken des Rechts auf dessen Bildung ausgehen, nicht die Verantwortung und Befugnis der zentralen Rechtsetzungsorgane, besonders der Volksvertretungen. Die Wechselbeziehungen zwischen Rechtsbildung und Wirken des Rechts sind dann ebenfalls eine Ausdrucksform der widersprüchlichen Einheit zwischen strengem Zentralismus und demokratischer Aktivität der Werktätigen. Die von der staatlichen Rechtsanwendung zur Rechtsbildung verlaufende Rückkoppelung und der auf ihnen fußende tatsächliche Anteil der staatlichen Rechtsanwendung wäre dann eine spezifische Bewegungs- und Lösungsform der nichtantagonistischen Widersprüche zwischen Bildung und Wirken des Rechts; eine Bewegungs- und Lösungsform, die der Festigung der Gesetzlichkeit, der Rechtssicherheit und Gerechtigkeit zu dienen hat.

Und noch eins: Die Analogiebildung zwischen der Ganzheitlichkeit des rechtlichen Regelungsprozesses – dem Kernvorgang jeder Rechtsordnung – und der Hauptfrage der Staatstheorie – der Macht und ihrer einheitlichen Ausübung – macht besonders sinnfällig, daß die Rechtstheorie allemal eine „spezielle Staatstheorie“[21] ist. Ein Sachverhalt, der auch dann bestehen bleibt, wenn im Rahmen der Differenzierung der Rechtswissenschaft die relative Verselbständigung der Rechtstheorie weiter fortschreitet. Im Detail und durchgängig in der Rechtstheorie deutlich zu machen, daß Rechtsfragen immer auch Machtfragen sind, war und bleibt unser fortwährendes Anliegen, sowohl in weltanschaulicher als auch in rechtspolitischer Hinsicht.

Anmerkungen

1 R. Bender, in: Zeitschrift für Rechtspolitik, München 1976, Heft 6, S. 132.

2 W. Maihofer, Rechtstheorie als Basisdisziplin der Jurisprudenz, in: Jahrbuch für Rechtssoziologie und Rechtstheorie (III), Opladen 1972, S. 66 ff.

3 Typisch hierfür die Mehrzahl der Beiträge des Buches: G. Winkler/B. Schilcher (Gesamtredaktion), Gesetzgebung, Wien/New York 1981.

4 Zu diesen Ausnahmen: K. Eichenberger, W. Buser, A. Métraux, P. Trappe (Hrsg.), Grundfragen der Rechtsetzung, Basel 1978.

5 W. Maihofer, in: a. a. O., S. 25.

6 Bericht des ZK der SED an den X. Parteitag, Berichterstatter Erich Honecker, 1981, S. 119.

7 Vgl.: K. A. Mollnau (Hrsg.), Komponenten der Rechtsbildung und ihr Einfluß auf die gesellschaftliche Wirksamkeit des sozialistischen Rechts, Materialien des III. Berliner rechtstheoretischen Symposiums, Berlin 1980.

8 Beschluß des Ministerrates der DDR zur „Ordnung über die Vorbereitung und Gestaltung von Rechtsvorschriften“, GBl. Sonderdruck 1956, 1980.

9 Vgl.: H. Klenner, in: K. A. Mollnau (Hrsg.), Komponenten der Rechtsbildung und ihr Einfluß auf die gesellschaftliche Wirksamkeit des sozialistischen Rechts, Materialien des III. Berliner rechtstheoretischen Symposiums, Berlin 1980.

10 Vgl.: H. Ranke, Die Herausbildung der leitenden Prinzipien des sozialistischen Zivilrechts, in: Neue Justiz, Heft 18, 1978, S. 532; H. Kellner, Zur Herausbildung, Durchsetzung und Weiterentwicklung sozialistischer Prozeßprinzipien in der DDR, in: Neue Justiz, Heft 7, 1972, S. 185 ff.

11 Vgl.: G. Pflicke, Die Aufgaben des sozialistischen Rechts bei der Vervollkommnung der Leitung und Planug der Volkswirtschaft in ihrem Zusammenhang mit der Verwirklichung des Komplexprogramms der sozialistischen ökonomischen Integration, in: Wissenschaftliche Zeitschrift der Hochschule für Ökonomie „Bruno Leuschner“, Berlin 1974, Heft 3, S. 39 ff.

12 Vgl.: F. Lachmeyer, Legistische Richtlinien als Metanormen des Rechts, in: G. Winkler/B. Schilcher (Hrsg.), Gesetzgebung, Wien/New York 1981, S. 214.

13 S. Supranowitz, Langfristige Planung der Gesetzgebung, in: Neue Justiz, Heft 3 1981, S. 100, macht zutreffend auf den Widerspruch aufmerksam, daß trotz wachsender Bedeutung von Recht, Gesetzlichkeit und Gesetzgebung nach wie vor niemand lehrt, wie Rechtsvorschriften zu machen sind, und jeder für sich als Autodidakt mühsam in der Praxis diese Kunst erlernen müsse.

14 Einen Ansatz bietet H. Klenner, Rechtsphilosophische und strukturtheoretische Probleme juristischer Texte, am Beispiel der Menschenrechte, in: K. A. Mollnau (Hrsg.), Materialien des III. Berliner rechtstheoretischen Symposiums, Berlin 1980, S. 153 ff.

15 Vgl.: W. Eichhorn I, Wie kann Ethik als Wissenschaft betrieben werden?, Berlin 1966 (zu dieser Arbeit: K. A. Mollnau, Erkenntnisse der marxistischen Ethik in rechtstheoretischer Sicht, in: Staat und Recht, Heft 11 1967, S. 1718); W. Segeth, Aufforderung als Denkform. Vom Wissen zum zielgerichteten Handeln, Berlin 1974; D. Wittich, K. Gössler, I. Wagner, Marxistisch-leninistische Erkenntnistheorie, Berlin 1978, S. 317 ff.

16 F. Loeser, Deontik, Berlin 1966; A. A. Iwin, Grundprobleme der deontischen Logik, in: Quantaren, Modalitäten, Paradoxien, Berlin 1972, S. 402–522. Die Normenlogik ist ein seit etwa 10 Jahren international stark bearbeitetes Feld; eine von J. Berkemann/P. Strasser 1974 Bibliographie, in: H. Lenk (Hrsg.), Normenlogik, Pullach 1974, wies fast tausend Titel auf.

17 Vgl.: U.-J. Heuer (Autorenkollektiv), Zur Wirksamkeit des Wirtschaftsrechts, Berlin 1979, S. 104, 239 ff.

18 IV. Berliner rechtstheoretisches Symposium (Dez. 1981) zum Thema: Einflüsse des Wirkens des Rechts und seiner gesellschaftlichen Wirksamkeit auf den sozialistischen Rechtsbildungsprozeß. Die Beiträge dieses Symposiums erscheinen in der Reihe Konferenzmaterialien – Protokolle – Informationen – des Instituts für Theorie des Staates und des Rechts der Akademie der Wissenschaften der DDR.

19 K. Heuer, Ein bedeutender Beitrag zur Geschichte der Rechtspflege, in: Neue Justiz, Heft 12 1980, S. 534. In der Note setzt Heuer hinzu: „Es fällt auf, daß in grundlegenden Artikeln zur neuen Gesetzgebung (vgl. z. B. F. Kunz/G. Schüßler, in: Staat und Recht, Heft 3 1977, S. 229 ff.; oder G. Walter, in: Staat und Recht, Heft 3 1980, S. 205 ff.) der Einfluß der vorangegangenen Rechtsprechung bzw. Spruchpraxis auf die Rechtsgestaltung überhaupt nicht erwähnt wird."

20 V. Peschka, Grundprobleme der modernen Rechtsphilosophie, Budapest 1974, S. 179 f.

21 H. Klenner, Zur Stellung der Rechtstheorie im Wissenschaftsgefüge der sozialistischen Gesellschaft, in: Aktuelle Probleme der marxistisch-leninistischen Staats- und Rechtstheorie, Budapest 1968, S. 135.

Traute Schönrath

Zur Planmäßigkeit der sozialistischen Rechtsetzung

Die Planmäßigkeit der Rechtsetzung bestimmt als Aspekt wissenschaftlicher Begründetheit wesentlich die Qualität der Rechtsetzung, von der wiederum der Grad der Wirksamkeit des Rechts bei der Gestaltung und dem Schutz der sozialistischen gesellschaftlichen Verhältnisse abhängt.

1. Zur Notwendigkeit der planmäßigen Rechtsetzung

Die Rechtsetzungstätigkeit, das Erheben des Klassenwillens zum sozialistischen Recht, ist Bestandteil (Form) der staatlichen Leitung des gesamtgesellschaftlichen Prozesses. Subjekt der Rechtsetzung ist der sozialistische Staat. Rechtsnormen, geäußert in Normativakten (Gesetze, VO) werden weder, auch in Zukunft nicht, von der politischen Organisation geschaffen, noch können sie ohne die Tätigkeit des sozialistischen Staates begründet, geändert oder außer Kraft gesetzt werden.

Rechtsnormen, geäußert in Normativakten, werden in einem umfänglichen Erkenntnis- und Bewertungsprozeß durch staatliche Entscheidung begründet, wodurch sie selbst den Charakter einer staatlichen politischen Entscheidung erlangen. Die Rechtsetzung kann deshalb nicht außerhalb der staatlichen Leitung erfolgen, noch wird die Rechtsetzungstätigkeit durch den Staat lediglich angeleitet. Sie ist vielmehr Teil der politischen Machtausübung, unmittelbarer Bestandteil der einheitlichen staatlichen Leitung des gesellschaftlichen Gesamtprozesses.[1]

Die staatliche Leitung zur Gestaltung der ökonomischen und sozialen Entwicklung entsprechend dem Ziel der sozialistischen Gesellschaft, der Befriedigung der wachsenden materiellen und geistigen Bedürfnisse der Menschen, schließt planmäßiges Vorgehen ein. Die Möglichkeit und Notwendigkeit der Planung ergibt sich vor allem aus dem gesetzmäßigen Charakter und dem Verlauf der gesellschaftlichen Prozesse. Von der Vergesellschaftung und Dynamik der sozialistischen Produktion, von den Klassenzielen der Arbeiterklasse und den Erfordernissen ihres Klassenkampfes ausgehend, erfordert die Gestaltung der entwickelten sozialistischen Gesellschaft als einem einheitlichen sozialen Organismus das planmäßige Erkennen und Ausnutzen der objektiven Gesetze in der gegebenen Entwicklungsetappe entsprechend den Zielsetzungen der von der Partei geführten Arbeiterklasse.

Die Planung der weiteren kontinuierlichen, stabilen und dynamischen Entwicklung der sozialistischen Gesellschaft schließt die kurzfristige und perspektivische Planung der zu erlassenen Rechtsvorschriften ein. Planung der Rechtsetzung ist notwendiger Bestandteil der gesamtgesellschaftlichen Planung. Damit das sozialistische Recht seine historische neuartige Aufgabe[2] erfüllen kann, der Arbeiterklasse und ihren Verbündeten als Instrument zu ihrer eigenen Befreiung, zur Organisierung ihres Handelns, zur Beherrschung der Entwicklung der Gesellschaft zu dienen, muß die Rechtsetzung selbst planmäßig erfolgen. Diese Planmäßigkeit der Rechtsetzung, ausgerichtet auf das Setzen neuer und die Rekonstruktion geltender bzw. das Aufheben inaktiver Rechtsnormen entsprechend den Anforderungen der gesellschaftlichen Entwicklung, ist Wesensmerkmal des sozialistischen Rechts.[3]

Diese allgemeine Aussage den nachfolgenden Ausführungen über die Planung der Rechtsetzung mittels Gesetzgebungsplan, die in den sozialistischen Ländern Mitte der 70er Jahre einsetzte, sei deshalb vorangestellt, um darauf hinzuweisen, daß die planmäßige Rechtsetzung mittels Gesetzgebungsplanes nicht als der Beginn der planmäßigen Rechtsetzung zu begreifen ist. Einschätzungen – im Zusammenhang mit der Hervorhebung der Bedeutung von Gesetzgebungsplänen – wonach der Übergang zur Planung der Gesetzgebung die Erkenntnis ausdrücke, daß die Weiterentwicklung der Normen nicht mehr sporadisch, nicht mehr aus allgemeiner Sicht eines einzelnen Bereichs, nicht mehr von der Einsicht oder Nichteinsicht eines einzelnen Zweigorgans abhängig gemacht werden dürfe – Verhaltensweisen, die in der Rechtsetzungspraxis ab und an noch anzutreffen sind – dürfen nicht zu der Schlußfolgerung führen, daß die Rechtsetzung erst seit Einführung der Gesetzgebungspläne planmäßig betrieben werden kann und wird. Von Anbeginn der sozialistischen Revolution erfolgt die Rechtsetzung planmäßig. Entscheidender Garant dafür ist die Leitung des Rechtsetzungsprozesses durch die Partei der Arbeiterklasse. Die durch die Partei herausgearbeitete Strategie für die jeweilige Entwicklungsetappe und die gegebene Konzeption zu deren Verwirklichung – denken wir nur an die Gesetzgebungsprogramme des VIII. und IX. Parteitages – sind wesentliche Aspekte für die planmäßige Erneuerung und Vervollkommnung des sozialistischen Rechts.

2. Langfristige Gesamtplanung von Rechtsvorschriften

Mit der Höherentwicklung der sozialistischen Gesellschaft, voran in der Volkswirtschaft mit rascher dynamischer Entwicklung, der Zunahme von mannigfaltigen nationalen und internationalen Verflechtungen bei zunehmender Spezialisierung und Komplexität, wächst aus dem Bestreben, diese Entwicklung weiterhin zu beherrschen und voranzubringen, das Bedürfnis nach erhöhter Kontinuität, Proportionalität, Überschaubarkeit und Verläßlichkeit, nach Ordnung und Stabilität.

Daraus ergeben sich höhere Anforderungen an die staatliche Leitung und damit auch an die Qualität der gesamtgesellschaftlichen Planung, eingeschlossen zugleich an die Planmäßigkeit des Setzen solchen Rechts, das den gewachsenen gesellschaftlichen Bedürfnissen als aktive Triebkraft gerecht werden kann. Ende der 60er Anfang der 70er Jahre wurden durch die Rechtswissenschaftler der sozialistischen Länder Vorstellungen über langfristige Prognostizierung und Perspektivplanung der Rechtsetzung nach einem Gesamtplan entwickelt.[4]

Ab 1973 traten die ersten langfristigen Gesetzgebungspläne in Kraft.[5] Unser erster Gesetzgebungsplan, mit dem zunächst Gesetze und Verordnungen im Bereich der Volkswirtschaft und der Rechtspflege geplant wurden, umfaßte die Zeit von 1976–1980. Gegenwärtig ist auf der Grundlage und in Realisierung der zwischenzeitlich erlassenen Ordnung über die Vorbereitung und Gestaltung von Rechtsvorschriften vom 25. 7. 1980[6] der erste einheitliche, alle Rechtsgebiete umfassende Gesetzgebungsplan 1981–1985 in Arbeit.

Nach wie vor ist der Einschätzung S. Supranowitz[7] zuzustimmen, daß noch umfängliche wissenschaftliche Erkenntnisse über die Gesetzgebungsplanung, über ihre wissenschaftlichen Grundlagen, über Kriterien und Maßstäbe für die Bewertung der Effektivität der Gesetzgebungspläne, kurz noch umfängliche Grundlagenforschung zur Gesetzgebungsplanung für eine künftige qualifizierte Planung der 80er und 90er Jahre notwendig sind. Dabei ist mit dieser Forschung zur Herausbildung der Theorie und Methoden der sozialistischen Rechtsbildung beizutragen. Dabei ist, die Forderung U. W. Kudrjawzews[8] aufgreifend, die langfristige Perspektivplanung der Gesetzgebungstätigkeit als Teil der Komplexaufgabe der Vervollkommnung des politisch-juristischen Überbaus der Gesellschaft des entwickelten Sozialismus zu begreifen und zu erforschen, um mit zu helfen, einen den raschen ökonomischen, sozialen, kulturellen Entwicklungen entsprechenden politisch-juristischen Überbau zu schaffen, der in seiner Gesamtheit geeignet ist, die Entwicklung planmäßig voranzutreiben.

3. Vorbereitung und Gestaltung von Rechtsvorschriften

Nachfolgend sei auf einige Probleme eingegangen, die im Zusammenhang mit theoretischen und praktischen Fragen der Gesetzgebungsplanung besonders in Vorbereitung der Ordnung über die Vorbereitung und Gestaltung von Rechtsvorschriften[9] aufgetreten sind und die m. E. weiterer wissenschaftlicher Untersuchungen bedürfen:

Aus der Grundaussage, daß die Rechtsetzungsplanung Bestandteil der gesamtgesellschaftlichen Planung ist, ergibt sich, daß die Grundprinzipien, Methoden und Formen der Planung sowie deren Abläufe auch für die Planung der Rechtsetzung gelten: Information, Prognose, Systemanalyse, soziale Experimente zum Herausfinden der optimalen Variante[10] für die beabsichtigte rechtliche Regelung und für die effektivste Form der rechtlichen Einwirkung auf diese gesellschaftlichen Verhältnisse. Weiterhin Operationsforschung, Handhabung der Entscheidungstheorie, demokratischer Charakter der Planung, strategische Bewertung von Entwicklungslinien, aufgabenbezogene Planung mit wissenschaftlich fundiert herausgearbeiteten Relationen zwischen dem objektiven Entwicklungsstand (für die Rechtsetzungsplanung heißt das besonders Erarbeitung einer Wirksamkeitsanalyse der geltenden Rechtsnormen), Tendenzen des Fortschritts, Entwicklungsniveau von Wissenschaft und Fortschritt und den vielfältigen Bedürfnissen und Interessen der Menschen etc.

Auf dieser Grundlage wurden im Zusammenhang mit der Erarbeitung einer Vorlage zur Gestaltung der Planung der Gesetzgebung[11] für die Erarbeitung eines Entwurfs der Ordnung über die Vorbereitung und Gestaltung von Rechtsvorschriften, allgemeine Planungsgrundsätze für die Spezifik der Gesetzgebungsplanung modifiziert, so z. B.

– für Schwerpunktbereiche als Planungsgegenstand. Noch offene Probleme sind hierbei z. B.: inwieweit soll die Schaffung und Veränderung internationaler Konventionen, die in das Recht der DDR rezipiert bzw. transformiert werden, in die Gesetzgebungsplanung integriert werden und ob in den Gegenstand des Gesetzgebungsbereiches Wirtschaftsrecht auch die Regelungen der internationalen Wirtschaftsbeziehungen mit zu erfassen sind;

– für den Planungszeitraum (die kurz- und langfristige Rechtsetzungsplanung verläuft koordiniert mit der Planung der ökonomischen und sozialen Entwicklung der sozialistischen Gesellschaft in Jahres- und Fünfjahresplänen);

– für die Orientierung auf Endpunkte der Entwicklung wichtiger Bereiche der Rechtsordnung;

– für die Ausarbeitung einer Nomenklatur der Rechtsetzungsaufgaben sowie einer Nomenklatur für die Arbeitsstufen der Rechtsetzungsaufgaben;

– für die Auftragserteilung und die Erarbeitung der Aufgaben der Ministerien und anderer zentraler Organe;
– für die Gestaltung der Planvorschläge und -entwürfe;
– für die Planung der Anschlußstücke (Nachfolgegesetzgebung) sowie für die Planfortschreibung und -änderung;
– für die Einbeziehung der Rechtswissenschaft und ihrer Institutionen in die Planvorbereitung und -ausarbeitung.

Noch viel Nützliches[12] ist für die relativ junge Rechtsetzungsplanung aus den allgemeinen Planungsgrundsätzen und -erfahrungen, und zwar nicht nur aus der Produktionsplanung, sondern zunehmend auch aus der Sozialplanung zu erschließen. Wertvolle Anregungen, besonders zur Theorie und Praxis der Sozialplanung sind z. B. in D. A. Kerimows Arbeit zur „Verfassung der UdSSR und politisch-rechtliche Theorien“[13] enthalten.

Zugleich erfordert die Spezifik der zu planenden Erscheinung, der Normativakte, zusätzliche Überlegungen; geht es bei der Rechtsetzungsplanung doch nicht darum, die ökonomischen und sozialen Prozesse unmittelbar zu planen, sondern zu planen sind die zu produzierenden politischen Leitungsinstrumente, Normativakte, mit deren Hilfe die in den Volkswirtschaftsplänen gestellten Aufgaben und Ziele realisiert werden sollen. Planungsobjekt ist etwas von Menschen zu schaffendes objektiv Ideelles[14], ein politischer Maßstab mit eigenem Inhalt.

Aus der Fülle der Probleme der Rechtsetzungsplanung sei auf folgendes hingewiesen, was der Aufmerksamkeit von Wissenschaft und Praxis bedarf:

a) Kenntnis der von der Partei herausgearbeiteten politischen Zielstellungen für die weitere gesellschaftliche Entwicklung als entscheidende Voraussetzung für die Erforschung des Bedarfs neuer rechtlicher Regelungen bzw. zu vervollkommnender oder zu ändernder bereits geltender rechtlicher Regelungen. Damit das sozialistische Recht der Arbeiterklasse und der mit ihr verbündeten Werktätigen als politisches Instrument zu ihrer eigenen Befreiung zur Beherrschung der gesellschaftlichen Entwicklung dient, müssen mehr und mehr die Erfordernisse erkannter Gesetzmäßigkeiten Eingang in das sozialistische Recht finden. Dabei sind die in den Normativakten geäußerten Rechtsnormen nicht das direkte Resultat des Wirkens objektiver Gesetze, sondern ihre bewußte Ausnutzung zur Erreichung bestimmter gesellschaftlicher Zielstellungen, d. h. die den Interessen der Arbeiterklasse und deren Verbündeten entsprechenden politischen Orientierungen für ihr Handeln.

Unter Führung der Partei werden auf Grund umfassender Analysen der konkreten Situation, in der sich die Gesellschaft befindet, in Kenntnis objektiver Gesetze der Natur und Gesellschaft, für einen bestimmten Zeitraum, bei genauer Beachtung konkreter innerer und äußerer Bedingungen, unter denen sich die Entwicklung der Gesellschaft vollzieht, in bewußter Ausnutzung erkannter objektiver Gesetze des Sozialismus in Richtung des gesetzmäßigen Vorlaufs der Geschichte, ausgerichtet auf die Erfüllung der historischen Mission der Arbeiterklasse – der Befriedigung der wachsenden materiellen und geistigen Bedürfnisse der Menschen – politische Zielstellungen und Konzeptionen zu deren Verwirklichung ausgearbeitet und vorwiegend in Dokumenten der Partei formuliert. Sie sind darauf ausgerichtet, der Führung der Gesellschaft und ihren Mitgliedern ein verläßliches Programm für ihre Tätigkeit vorzugeben; so z. B. die für die Ausnutzung besonders des ökonomischen Grundgesetzes des Sozialismus als Hauptaufgabe für die volkswirtschaftliche Tätigkeit in der DDR formulierte Zielstellung und deren weitere Konkretisierung für die 80er Jahre als zehn Schwerpunkte umfassende ökonomische Strategie zur Entwicklung der Volkswirtschaft und die Aufgaben zur Verbesserung der Arbeits- und Lebensbedingungen des Volkes.[15] Kenntnis dieser durch die Partei herausgearbeiteten Strategie für die Entwicklung der gesellschaftlichen Verhältnisse in der jeweiligen Entwicklungsetappe ist nicht erst für die Ausarbeitung geplanter Normativakte, sondern bereits für die Planung der Normativakte – für die Festlegung der Aufgaben und der Ziele der Planung, der Planungsfristen, der wissenschaftlich begründeten Relationen zwischen dem objektiven Entwicklungsstand der Gesellschaft, den Tendenzen ihres Fortschritts, den Bedürfnissen und Interessen der Menschen[16] – erforderlich. Planmäßigkeit der Realisierung politischer Zielsetzungen zur gezielten Ausnutzung objektiver Gesetze im Rechtsetzungsprozeß durch Erarbeitung differenzierter Anforderungen an das Verhalten der Menschen, in Handlungsaufforderungen und -möglichkeiten ausgedrückt und wiederum in einem sehr komplizierten, vielschichtigen Prozeß in Gestalt von Rechten und Pflichten zum allgemeinverbindlichen Staatswillen, zum Recht zu erheben, erfordert, daß bereits bei der Planung der Rechtsetzungstätigkeit, z. B. der Schaffung von LPG-Rechtsnormen, die politischen Zielstellungen des X. Parteitages für die Weiterentwicklung der Landwirtschaft[17] – Sicherung der erweiterten Reproduktion des genossenschaftlichen Eigentums, Festigung des Bündnisses der Arbeiterklasse mit den Genossenschaftsbauern bei weiterer Stärkung der Klasse der Genossenschaftsbauern, Entwicklungsperspektive der genossenschaftlichen Demokratie etc. – bekannt sind. Gleichermaßen erfordert z. B. die Planung der Beschlüsse zur Entwicklung der medizinischen Betreuung in der Stadt Leipzig die Kenntnis der langfristigen Konzeption für die medizinische Betreuung in den nächsten fünf Jahren und darüber hinaus. Es müssen bereits bei der Erforschung des Bedarfs an neuen rechtlichen Regelungen, an zu ändernden bzw. aufzuhebenden Normengruppen bzw. gesamten bereits geltenden Normativakten, Aussagen darüber getroffen werden wie: welche gesellschaftlichen Verhältnisse bedürfen einer rechtlichen Regelung, welchen Inhalts, in welcher Art und Form, zu welcher Zeit, mit welchem Ziel bzw. wo ist eine Rekonstruktion oder Aufhebung bereits geltenden Rechts erforderlich?

b) Mehr als bisher sind die Möglichkeiten der Analyse- und Prognosetätigkeit[18] für die Ermittlung des Bedarfs an rechtlicher Regelung herauszuarbeiten.

S. Supranowitz stellte bei der Einschätzung der Arbeit mit dem ersten Gesetzgebungsplan fest, daß Analyse- und Prognosearbeit noch ein schwaches Kettenglied in der Rechtsarbeit sei. Es fehlen Vorstellungen darüber, wie eine aussagefähige Rechtsanalyse praktisch zu organisieren sei, wie sie erarbeitet und welche Aussagen mit ihr getroffen werden könnten.[19]

Eine wichtige Forderung an die Wissenschaft für die Erhöhung der Aussagekraft von Analysen ist, die Arbeit an der Ermittlung wissenschaftlicher Kriterien für die Effektivitätsmessung und Wertung der Wirksamkeit rechtlicher Regelungen zu forcieren und Schlußfolgerungen für die Planung der Rechtsetzungstätigkeit abzuleiten. Dabei ist zu beachten, daß das Wirken der Rechtsnormen in der praktischen, tatsächlichen Regelung der gesellschaftlichen Verhältnisse besteht.

Durch Prognosetätigkeit sind – ausgehend von den vor allem durch die marxistisch-leninistische Partei ausgearbeiteten Entwicklungsperspektiven des gesellschaftlichen Systems – Aussagen über die Grundrichtung der Vervollkommnung der geltenden rechtlichen Regelung – nach Gebieten und Teilgebieten aufgeschlüsselt – zu treffen und Komplexe möglicher Varianten rechtlicher Einwirkungen auf die gesellschaftlichen Verhältnisse zur Realisierung der politischen Zielsetzungen zu ermitteln.

Dabei sind bei der Prognosetätigkeit für die Planung der Rechtsetzung die Ergebnisse der Analysetätigkeit bezüglich der Wirksamkeit geltender rechtlicher Regelungen, Erkenntnisse der komplizierten Bedingungen, Faktoren und Umstände jener sich entwikkelnden gesellschaftlichen Verhältnisse, die im Interesse des sozialen Fortschritts einer rechtlichen Regelung bedürfen, Erkenntnisse über die voraussichtliche Entwicklung dieser zu regelnden Verhältnisse sowie voraussichtlicher ökonomischer, politischer, ideologischer und sozialer Auswirkungen vorgesehener rechtlicher Regelungen von besonderer Bedeutung.

Bei der Prognosetätigkeit und darüber hinaus bei der gesamten Planungstätigkeit der Rechtsetzung ist mehr als bisher auch der sozialen Entwicklung Beachtung zu schenken.[20] Die zu planenden Normativakte müssen dazu beitragen, daß die soziale Planung und die Wirtschaftsplanung zu einer Komplexplanung der gesellschaftlichen Prozesse vereinigt wird. Ein solcher Gesamtplan ist wiederum wesentliche Voraussetzung dafür, daß – nicht zuletzt auch mittels des Rechts – die materiell-technische Basis kontinuierlich entwickelt wird, sich sozialistische und kommunistische Verhaltensweisen und Beziehungen entfalten, sich die sozialistische Persönlichkeitsentwicklung weiter ausprägt, sich alle Teile des sozialen Organismus, der sozialistischen Gesellschaft, die Systemcharakter trägt, harmonisch und die Gesellschaft in ihrer Ganzheit planmäßig entwikkelt, daß die Menschen die Möglichkeit haben, ihre Verhältnisse nach einem „Gesamtplan"[21] zu gestalten.

c) Die in den Normativakten geäußerten Rechtsnormen sind das entscheidende, aber nicht das einzige Element des Systems der rechtlichen Regelung.[22] Da die Rechtsnormen im Ensemble von vielfältigen anderen Sozialnormen auf das Verhalten der Mitglieder der sozialistischen Gesellschaft einwirken, erfordert schon die Planung der Normativakte mehr als bisher Überlegungen zur Nachfolgerechtsetzung, zur Beziehung der geplanten Normativakte zu den anderen nichtnormativen rechtlichen Elementen des Systems rechtlicher Regelung und zum Zusammenwirken der geplanten Rechtsnormen mit anderen Sozialnormen und Stimuli.

d) Die Erhöhung der Qualität der Planung der Normativakte wird auch durch tiefere wissenschaftlichen Erkenntnisse über Form und Inhalt der zu planenden Normativakte bestimmt, so z. B.

– über das Verhältnis von Rechtsnormen zu Rechtsprinzipien und Zielstellung im Normativakt und im Rechtssystem (müssen diese mit geplant werden?);
– über das Verhältnis von Aufgaben, Zielstellung, Verantwortung zu Pflichten und Rechten;
– über die juristische Gewährleistung der Rechte und Pflichten. Ist sie Bestandteil der Rechtsnorm oder gibt es Rechtsnormen, die der Regelung des rechtmäßigen Verhaltens dienen und Rechtsnormen zur Gewährleistung der Rechte und der Erfüllung der Pflichten, einschließlich der Rechtsnorm, die die juristische Verantwortlichkeit für Pflichtverletzungen regeln?[23] Dieses Problem ist für die Planung der Normativakte besonders unter dem Gesichtspunkt der Planung eigenständiger Normativakte mit Gewährleistungsnormen, durch die die Verbindlichkeit von in anderen Normativakten enthaltenen Rechten und Pflichten gewährt wird, bedeutungsvoll;
– über den Einsatz eines automatisierten Rechstinformationsdienstes auf der Grundlage der EDV[24] für die Rechtsetzungsplanung etc.

e) Da die Normativakte Bestandteil des Gesetzgebungssystems und die in ihnen geäußerten Rechtsnormen Elemente des Rechtssystems sowie des Systems der rechtlichen Regelung sind, ist zu untersuchen, welche Aufgabe der Planung von Normativakten bezüglich der Schaffung bzw. Erhaltung eines in sich geschlossenen Rechtssystems zukommt, das sich durch einen hohen Stand der Spezialisierung seines Inhalts auszeichnet. Planung der Normativakte sollte die Ausarbeitung einer langfristigen Konzeption für die Entwicklung des Rechts- und Gesetzgebungssystems einschließen.

Bereits bei der Planung der Normativakte sollte einheitlich aus gesamtgesellschaftlicher Sicht, nicht aus Zweigsicht, erreicht werden, daß die Probleme dort geregelt werden, wo sie rechtssystematisch hingehören. Keine Rechtsnorm darf isoliert vom einheitlichen Rechtssystem ausgearbeitet werden. Bereits durch die Planung der Normativakte ist die geplante rechtliche Regelung mit den bestehenden und künftigen Regelungen des eigenen Rechtszweiges bzw. anderer Rechtszweige zu koordinieren, um so auch unterschiedliche, unüberschaubare Mehrfachregelungen bzw. sogenannte Lücken weitgehend vermeiden zu können. Hiermit sind die einer weiteren theoretischen Durchdringung bedürfenden allgemeinrechtstheoretischen Probleme des Systems des Rechts, des Rechtsgebiets und des Gesetzgebungssystems aufgerufen.[25]

f) Ein weiteres Problem der Rechtsetzungsplanung ist die Erzielung eines hohen Stabalitätsgrades der Gesetzgebungspläne. Die Dynamik der gesellschaftlichen Entwicklung, die insbesondere durch das hohe Tempo bei der Verwirklichung der ökonomischen Aufgabenstellungen bewirkt wird, und operative Anpassungsfähigkeit stehen nicht im Widerspruch zur Förderung nach wachsendem Stabilitätsgrad des sozialistischen Rechts[26] und seiner Planung. Revolutionäre Veränderungen bedingen Ausgewogenheit und Stabilität. Die sozialistische Gesellschaft ist eine Gesellschaft, die ein stabiles System von gesellschaftlichen Verhältnissen und einen dauerhaften sozialen Mechanismus darstellt[27] und für die hochentwickelte sozialistische ökonomische Integration ein gewichtiges Unterpfand für die stabile ökonomische und soziale Entwicklung der sozialistischen Länder bietet. Mit zunehmender wissenschaftlicher Erkenntnis und Beherrschbarkeit gesellschaftlicher Prozesse ergeben sich immer bessere Möglichkeiten, den Stabilitätsgrad der Gesetzgebungsplanung, die dazu beitragen soll, Recht zu schaffen, daß die dynamische Entwicklung zukunftsträchtig in sich aufnimmt, zu erhöhen; wobei der stabile Plan immer genügend Raum für das Reagieren auf neue Bedingungen, die sich insbesondere aus der internationalen Klassenauseinandersetzung ergeben, belassen muß.

Stabile Gesetzgebungspläne ermöglichen eine sachkundige Arbeit, getragen von hoher Rechtskultur wird eine planmäßige kontinuierliche Erneuerung und Vervollkommnung des Rechts in Verwirklichung des Prinzips der sozialistischen Gesetzlichkeit gewährleistet.

g) Wenn die Planung der Rechtsetzung ein Teil der gesamtgesellschaftlichen Planung ist, kann sie sich nicht nur auf die Planung der zentralen Normativakte beschränken, sondern muß auch die Planung der Beschlüsse der örtlichen Volksvertretungen und ihrer Organe mit erfassen. Gestützt auf Erfahrungen aus eigener Tätigkeit als Stadtverordnete und auf Ergebnisse von Diplomarbeiten, ist der Einschätzung von J. W. Kudrjawzew[28] voll zuzustimmen, wonach die Probleme der lokalen Rechtsetzung – und damit auch die Planung (T. S.) – einer dringenden wissenschaftlichen Bearbeitung bedürfen. Durch die örtlichen Volksvertretungen und ihre Organe sind viele nützliche langfristige Entwicklungskonzeptionen, so z. B. für das Bauwesen, das Gesundheitswesen, für Ordnung und Sicherheit in der Stadt Leipzig, erarbeitet worden. Die Beschlüsse jedoch, mit deren Hilfe die Konzeptionen durchzusetzen sind, wurden bisher ungenügend geplant.[29]

Anmerkungen

1 T. Schönrath, Zur Theorie und Methode der Planung der Rechtsetzung, in: Zur Theorie und Methode der sozialistischen Rechtsetzung, Schriftenreihe Methodologie der marxistisch-leninistischen Rechtswissenschaft, Leipzig 1975, Heft 1.2, S. 46 ff.

2 T. Schönrath, Freiheit und Recht in der sozialistischen Gesellschaft, in: Zur marxistischen Rechtskonzeption, Beiträge zum Weltkongreß der Internationalen Vereinigung für Rechts- und Sozialphilosophie (IVR) 1979 in Basel, Berlin 1979, S. 81 ff.

3 K. Heuer, Langfristige Planung der Wirtschaftsgesetzgebung, in: Neue Justiz, 1979, Nr. 8, S. 221.

4 Vgl. insbesondere die umfänglichen Arbeiten, die besonders in Auswertung des Gesetzgebungsprogrammes des XXV. Parteitages der KPdSU, der Verfassung der UdSSR und in Vorbereitung und Realisierung des Beschlusses über die Vorbereitung und Herausgabe eines Gesetzbuches der UdSSR von I. S. Samostschenko, A. S. Pigolkin, S. V. Polenina, N. P. Koldajewa, D. A. Kerimow, J. W. Kudrjawzew geschrieben wurden. In der DDR haben sich z. B. K. Heuer, H.-J. Heusinger, S. Supranowitz, U. Schaarschmidt, C. Luge, K. Becher, T. Schönrath mit dieser Problematik beschäftigt.

5 1973 in der VR Bulgarien, 1974 in der VR Polen, 1975 in der VR Ungarn, 1976 in der VR Rumänien, 1977 in der UdSSR.

6 GBl. Sonderdruck 1980, Nr. 1056.

7 S. Supranowitz, Langfristige Planung der Rechtsetzung, in: Neue Justiz, 1981, Nr. 3, S. 98 ff.

8 J. V. Kudrjawzew, Sowjetwissenschaft, gesellschaftswissenschaftliche Beiträge 1978, Nr. 12, S. 1252 ff.

9 A. a. O.

10 Vgl. D. A. Kerimow, Verfassung der UdSSR und politisch-rechtliche Theorie, Berlin 1981, S. 170, 180. Es ist ihm zuzustimmen, daß die Ausnutzung objektiver Gesetzmäßigkeiten im Recht viele Varianten besitzt und daß es darauf ankommt, die vom Standpunkt des Zieles der rechtlichen Regelung rationellste Variante auszuwählen.

11 G. Görner, T. Schönrath, Vorlage zur Planung der Gesetzgebung, Leipzig 1979 (nicht veröffentlicht).

12 Vgl. z. B. U. Hochbaum, Abstimmungsprotokolle als Rechtsform der Plankoordinierung, in: Wirtschaftsrecht 1981, Nr. 4, S. 212 ff.

13 A. a. O.

14 B. J. Mezrin, Objektives und Subjektives in der ökonomischen und rechtlichen Entwicklung der reifen sozialistischen Gesellschaft, in: Sowjetstaat und -recht, 1981, Nr. 8 (russ.).

15 Vgl. Bericht des ZK der SED an den X. Parteitag der SED, Berichterstatter: Genosse Erich Honecker, Berlin 1981, S. 49 ff.

16 Vgl. D. A. Kerimow, a. a. O., S. 165 und S. 180.

17 Vgl. Bericht des ZK der SED an den X. Parteitag der SED, Berichterstatter: Genosse Erich Honecker, a. a.O., S. 70 ff.

18 Vgl. hierzu z. B. R. O. Chalfina u. a., Wissenschaftliche Grundlagen der sowjetischen Rechtsschöpfung, Moskau 1981, bes. Kap. VI Planung der Rechtsschöpfung, S. 216–253 (russ.).

19 S. Supranowitz, a. a. O.

20 Vgl. besonders D. A. Kerimow, a. a. O.

21 K. Marx, F. Engels, Werke, Bd. 39, Berlin 1968, S. 206, vgl. dazu auch D. A. Kerimow, a. a. O., S. 159.

22 Vgl. T. Schönrath, W. Schönrath, Zu den Elementen und der Struktur des Systems der rechtlichen Regelung, in: Schriftenreihe Methodologie der marxistisch-leninistischen Rechtswissenschaft, Leipzig 1981, Heft 9, S. 114 ff.

23 Vgl. T. Schönrath, Zum Verhältnis von Rechtsnorm und Normativakt, in: Schriftenreihe Methodologie der marxistisch-leninistischen Rechtswissenschaft, Leipzig 1980, Heft 8, S. 133 ff.; T. Schönrath, Zum Verhältnis von regulierender und schützender Funktion des sozialistischen Rechts und zur Bedeutung der sogenannten Sanktionsnormen im System der Rechtsnormen, in: Die funktionale Charakteristik des sozialistischen Rechts, Wissenschaftliche Beiträge der Martin-Luther-Universität Halle – Wittenberg, Halle 1980, Teil 2, S. 45 ff.

24 Vgl. z. B.: Gesetzessammlung des Sowjetstaates, Autorenkollektiv, Moskau 1981, Kap. 4: Probleme der Automatisierung der Prozesse der Vorbereitung und Führung der Gesetzessammlung, S. 202–240 (russ.).

25 Vgl. hierzu z. B. S. S. Alexejew, Die Zweige des sowjetischen Rechts – Probleme und Ausgangspositionen, in: Sowjetstaat und -recht, 1979, Nr. 9, S. 15 ff. (russ.); M. P. Ring, Die rechtliche Regelung des wissenschaftlich-technischen Fortschritts, in: Sowjetstaat und -recht, 1972, Nr. 2, S. 111 ff.; W. Linden, Zur Stimulierungsfunktion des Rechts und zum Rechtskomplex, in: Die funktionale Charakteristik des sozialistischen Rechts, a. a. O., Teil 2, S. 52 ff. vgl. auch S. P. Bratus, Sowjetischer Rechtszweig, in: Sowjetstaat und -recht, 1979, Nr. 11, S. 22 ff. (russ.) V. V. Laptew/V. P. Sachmatow, Die Ziele der rechtlichen Regelung und das Rechtsystem, Provovedenie, 1976, Nr. 4, S. 32 (russ.).

26 A. S. Pigolkin, Hauptmerkmale der Gesetzgebung des entwickelten Sozialismus, in: Sowjetstaat und -recht, 1981, Nr, 10, bes. S. 25 ff. Der wachsende Stabilitätsgrad der Vorschriften der Gesetzgebung des entwickelten Sozialismus (russ.).

27 Ebenda.

28 J. V. Kudrjawzew, Das Rechtssystem und die Stärkung der sozialistischen Gesellschaft, Kommunist, Moskau 1981, Nr. 9, S. 69 (russ.).

29 Vgl. z. B. Diplomarbeit von E. Lehmann, Zur Planung der Rechtsetzungstätigkeit, untersucht an der Planung der Beschlußfassung des Rates der Stadt Leipzig auf dem Gebiet des Gesundheits- und Sozialwesens, Leipzig 1982 (nicht veröffentlicht).

Gustav A. Lübchen

Die planmäßige Vorbereitung und Gestaltung von Rechtsvorschriften und ihre Anforderungen an die Rechtswissenschaft

Das theoretische Wissen über die Rechtsordnung der entwickelten sozialistischen Gesellschaft, ihre planmäßige Gestaltung und Entwicklung zu vertiefen und wirksamer für die praktische Arbeit auf dem Gebiet der Rechtsetzung zu machen, ist ein wichtiges gesellschaftliches und wissenschaftliches Anliegen. Dabei können wir davon ausgehen, daß auf der Grundlage der Beschlüsse des VIII. und IX. Parteitages der SED, des Programmes der Partei und dazu ergangener Festlegungen des Ministerrates in den vergangenen Jahren eine bedeutsame und umfangreiche Arbeit auf dem Gebiet der Gesetzgebung geleistet worden ist. Sie hatte das Ziel, die Rechtsordnung planmäßig entsprechend und im Einklang mit dem Reifegrad der sozialistischen Gesellschaft weiter zu vervollkommnen.

Auf nahezu allen Bereichen unseres Rechts – des Verfassungsrechts und Staatsrechts, des Strafrechts, des Arbeitsrechts, Zivilrechts, Familienrechts, Gerichtsrechts usw. – sind die Rechtsgrundlagen neu geschaffen bzw. verändert und weiterentwickelt worden. Die umfangreiche und konzentrierte Gesetzgebungsarbeit stellt einen wichtigen Schritt auf dem Wege zur Rechtsordnung der entwickelten sozialistischen Gesellschaft dar. Auf allen für den Bürger wichtigen und wesentlichen Bereichen des gesellschaftlichen Lebens existieren z. Zt. umfassende Kodifikationen, die den erreichten hohen Entwicklungsstand unserer Gesetzgebung und Rechtskultur auch international repräsentieren.

In diesem Prozeß sind viele Erfahrungen auch in der Zusammenarbeit mit der Rechtswissenschaft gesammelt worden, die für die künftige Arbeit auf diesem Gebiet von Bedeutung sind. Es sind bedeutende Erfolge beim Ausbau der Rechtsordnung und auch ihrer wissenschaftlichen Grundlagen, darunter bei der wissenschaftlichen Gestaltung ihres Systems, erreicht worden. Trotzdem besteht eine Diskrepanz zwischen dem erreichten Stand der Gesetzgebung und dem vorhandenen theoretischen Wissen über die Gesetzgebung. Im folgenden sollen daher auf der Grundlage von Erfahrungen und Aufgaben auf dem Gebiet der Justizgesetzgebung einige Anforderungen aufgezeigt werden, die sich aus dieser Sicht an die Rechtswissenschaft ergeben:

1. Als Grundlage für eine langfristige wissenschaftlich begründete Planung der Rechtsetzung werden Zielvorstellungen für die Entwicklung des Rechtssystems insgesamt und seiner wesentlichen Bereiche und Teile benötigt. Dabei stehen solche Fragen, von welchen gesamtpolitischen, rechtspolitischen und juristischen Vorstellungen auszugehen ist, an. Entscheidende Orientierungen sind dabei die Dokumente und Beschlüsse der Partei. Es ist vor allem zu klären, nach welcher Gesamtkonzeption sich das sozialistische Recht entwickelt, welches System es kennzeichnen und nach welchen Prinzipien dabei vorgegangen werden soll. Die Ausarbeitung einer Gesamtkonzeption für die Rechtsentwicklung in der Etappe der entwickelten sozialistischen Gesellschaft auf der Grundlage der Führungsdokumente der Partei der Arbeiterklasse sollte sich dabei nicht nur auf die Herausarbeitung des Rechtssystems und seiner Teilbereiche erstrecken, sondern

auch andere Faktoren berücksichtigen, die für die Wirksamkeit des Rechts von nicht geringer Bedeutung sind. Dazu gehört z. B. die Überschaubarkeit des Rechtssystems und der Gesetzgebung, die Zugänglichkeit der Rechtsvorschriften für die Bürger, die Praktikabilität der Normen. Bei allen Fragen ist stets zu beachten, für wen die Norm geschaffen wird, wer sie anwenden soll, um ihre optimale gesellschaftliche Wirksamkeit zu sichern.

2. Für die langfristige Planung und Vorbereitung der Rechtsvorschriften wären auch eigene Analysen der Rechtswissenschaft über die Wirksamkeit des Rechts insgesamt oder einzelner Teile eine große Hilfe. Solche Wirksamkeitsanalysen von Rechtsvorschriften sind eine wichtige Entscheidungsgrundlage für die Gesetzgebung. Seitdem auf allen bedeutsamen Rechtsgebieten die alten sanktionierten Gesetze durch eigene sozialistische Rechtsvorschriften ersetzt und abgelöst worden sind, ist die Analyse ihrer Wirksamkeit und ihre Übereinstimmung mit den Erfordernissen der gesellschaftlichen Entwicklung um so notwendiger. Es kann keine neuen Normativakte geben, die nicht durch eine umfassende Analyse des geltenden Rechts vorbereitet werden. Was jedoch fehlt, ist eine Methodologie dieser analytischen Tätigkeit, d. h. welche methodischen Anforderungen an eine empirisch begründete Analyse zu stellen sind. Sie muß u. a. soziale Faktoren und den Stand der Entwicklung des Rechtsbewußtseins umfassen. Wenn die Frage gestellt wird, wie kommen wir an das benötigte Material, so besteht ein Problem darin, daß auch im Justizbereich nur ein Bruchteil der Fragen und Probleme sich in der Rechtsprechung widerspiegelt. Der größte Teil z. B. des Familiengesetzbuches verwirklicht sich außerhalb der Gerichte in der Tätigkeit anderer staatlicher Organe oder ohne staatlichen Einfluß, wie z. B. die Regelung über das Erziehungsrecht der Eltern nach dem FGB.

Bei aller Problematik dieser Fälle kommen höchstens 1 % von die Gerichte. 99 % werden außerhalb gelöst. Aber gerade diese interessieren, denn es ist wichtig zu wissen, wie sich die Eltern verhalten: nach dem Gesetz, weil sie es für richtig halten oder weil sie sich ihm beugen. Oder machen sie es völlig anders, als das Gesetz es vorsieht?

Ähnlich ist es im Kaufrecht. Auch hier ist das Gericht nicht das Organ, das den Konflikt überwiegend löst. Es wird in gleichem Maße der Eingabenweg beschritten. Es zeigt sich überhaupt eine interessante Tendenz, die gleichzeitig eine Aussage über die Grenzen der Wirkungsmöglichkeiten des Gerichts und des Rechts enthält: im gerichtlichen Zivilverfahren werden immer mehr Prozesse geltend gemacht und durchgeführt, die die Durchsetzung von Zahlungsansprüchen zum Gegenstand haben, wogegen Ansprüche auf Sachleistung außerhalb des Gerichts durchgesetzt werden.

3. Bei der Gesetzgebungsarbeit wird auch deutlich, daß derzeit zwischen der Rechtstheorie und den Rechtszweigwissenschaften Lücken bestehen. Daraus ergibt sich die Forderung, bei Arbeiten an der Gesamtkonzeption des sozialistischen Rechts diese notwendige Bindung und Verbindung zwischen Rechtstheorie und Rechtszweigen zu sichern. Neben der vertikalen sind auch die horizontalen Beziehungen zwischen den Zweigen und Gesetzeswerken zu untersuchen. Dabei gibt es auch Kompetenzfragen, die sich immer wieder störend für die Rechtsetzung auswirken, so daß oft ohne ausreichende juristische theoretische Grundlagen praktikable Lösungen gesucht werden müssen. Wo Zweige sich um die Bearbeitung der Fragen bemühen, tun sie es nur für sich, ohne die Einheitlichkeit des sozialistischen Rechtssystems in den Mittelpunkt zu stellen. Beispiele dafür sind die Behandlung der sog. Aufgabennormen in den verschiedenen Kodifikationen, unterschiedliche Auffassung zu Fragen der Grundsätze eines Rechtszweiges oder zur Notwendigkeit eines „Allgemeinen" Teils.

4. Ein wichtiges Problem unserer Arbeit ist die Frage nach den Möglichkeiten und

Grenzen des Einsatzes des Rechts zur Lösung gesellschaftlicher, insbesondere ökonomischer Probleme. Es geht darum, welche Funktion kann und soll das Recht, das Gesetz im Leitungsprozeß der Gesellschaft einnehmen. Wann ist es notwendig, eine Regelung in Form einer Rechtsvorschrift zu erlassen und wann reichen andere Mittel aus. Oder anders ausgedrückt, worin liegen die spezifischen Wirkungsrichtungen des Rechts, was kann damit erreicht werden und was nicht. So wird auch häufig die Forderung erhoben, ökonomische Probleme (z. B. Fragen des Materialeinsatzes) mit Hilfe strafrechtlicher oder ordnungsstrafrechtlicher Mittel zu lösen.

Ein weiteres Problem, das uns in diesem Zusammenhang begegnet, ist das sogenannte gesetzliche Experiment. Bei zahlreichen Regelungen, die wir vorbereiten, sind wir trotz aller Bemühungen nicht in der Lage, die sich daraus ergebenden ökonomischen, politischen und ideologischen Auswirkungen zu überschauen bzw. ihre Wirkung einzuschätzen oder zu berechnen. Damit entsteht die Frage, welche Möglichkeiten stellt das Recht zur Verfügung, solche Regelungen zu erproben, bevor sie normativ d. h. endgültig mit verbindlicher Wirkung geregelt werden.

5. Mehr als bisher ist sowohl für die Planung als auch für die inhaltliche Ausgestaltung der Rechtsvorschriften eine umfassende Rechtsvergleichung zwischen den Ländern der sozialistischen Staatengemeinschaft erforderlich. Die durch das Programm und den X. Parteitag der SED gestellte Aufgabe, auch mittels des Rechts zur Annäherung der Staaten der sozialistischen Gemeinschaft beizutragen, erfordert eine planmäßige und systematische rechtsvergleichende Arbeit, die nur in Gemeinschaftsarbeit zwischen den verschiedenen Wissenschaftsbereichen durchgeführt werden kann.

Die Rechtsvergleichung sollte sich sowohl auf die Rechtsentwicklung in den sozialistischen Ländern insgesamt, ihre richtungsweisenden und bestimmenden Tendenzen als auch auf die einzelnen Zweige ihrer Gesetzgebung und Rechtspraxis erstrecken. Dabei sollte angestrebt werden, um den wissenschaftlichen Wert solcher Einschätzungen zu erhöhen, sie in Gemeinschaft mit Rechtswissenschaftlern aus den anderen sozialistischen Ländern durchzuführen.

Wolfgang Weichelt

Zum Wechselverhältnis von Rechtswissenschaft und Staatspraxis im Gesetzgebungsprozeß

Aus der staatsrechtlichen Stellung des Verfassungs- und Rechtsausschusses der Volkskammer im Gesetzgebungsprozeß und dem praktischen Verständnis seiner rechtspolitischen Funktion ergibt sich, daß in seiner Tätigkeit Ergebnisse rechtswissenschaftlicher Forschung und praktischer Erfahrungen der staatlichen Organe bei der Rechtsverwirklichung in großem Maße zusammentreffen und in der Gesetzgebungsarbeit kombiniert und synthetisiert werden. Die Arbeit des Auschusses hinsichtlich seiner Teilnahme am Prozeß der gesellschaftlichen und staatlichen Willensbildung, insbesondere am förmlichen, staatsrechtlich organisierten Gesetzgebungsprozeß, ist seit längerer Zeit dadurch gekennzeichnet, daß er

a) in einem relativ frühen Stadium der Erarbeitung von Gesetzentwürfen auf den Inhalt der vorgesehenen Regelung aus der Sicht seiner Erfahrungen Einfluß nimmt,

b) die verallgemeinerten Erfahrungen seiner selbständigen Kontrollen über Einhaltung und Wirksamkeit gesetzlicher Regelungen soweit als möglich bereits in diesem Stadium in den Gesetzgebungsprozeß einbringt,

c) seine Wirksamkeitskontrollen über geltendes Recht weitgehend an geplanten bzw. voraussehbaren bzw. notwendig anzuregenden Gesetzgebungsvorhaben orientiert,

d) der direkten Mitwirkung von Rechtswissenschaftlern sowohl bei seinen Wirksamkeitskontrollen als auch bei der Erfüllung seiner spezifischen verfassungsrechtlichen Aufgaben im Gesetzgebungsverfahren großes Gewicht beimißt.

Die Verwirklichung dieser Grundsätze, die in voller Ausschöpfung der den Ausschüssen der Volkskammer nach Art. 61 der Verfassung der DDR zustehenden Rechte und übertragenen Kompetenz einer wissenschaftlich fundierten Methodik sozialistischer Gesetzgebung entspricht und einen Teil dieser Methodik darstellt, qualifiziert nicht nur die Arbeit des Ausschusses selbst, seine sozialistischen Arbeitsprinzipien und seine Arbeitsweise als spezifische Tätigkeitsform des obersten staatlichen Machtorgans. Sie fördert zugleich die wissenschaftliche Fundierung des gesamten Gesetzgebungsverfahrens und erlaubt es auch, für das grundsätzliche und das praktische Verhältnis von Rechtswissenschaft und Gesetzgebung in der sozialistischen Gesellschaft eine Reihe von Schlußfolgerungen zu ziehen bzw. Erfahrungen vorzutragen, die zu weiteren Schlußfolgerungen über die Rolle der Rechtswissenschaft im Gesetzgebungsprozeß, ihre Aufgaben und ihre Möglichkeiten anregen können.

Diese Erfahrungen und Schlußfolgerungen kann man zunächst in zwei große Gruppen einteilen: Die eine Gruppe betrifft die unmittelbaren Möglichkeiten für die Rechtswissenschaft, in Verbindung mit der jeweiligen Materie, dem Gegenstand oder auch den Gegenständen des vorgesehenen Gesetzentwurfes, ihre Arbeitsergebnisse, d. h. ihre neuesten Erkenntnisse, in die Erörterung der vorgesehenen konkreten gesetzlichen Regelung einzubringen und sich selbst unmittelbar an deren juristischer Gestaltung zu beteiligen. Hier ist der Verfassungs- und Rechtsausschuß sicherlich nur eine und dabei nicht einmal die erste und nächstliegende Möglichkeit direkter Umsetzung wissenschaftlicher Forschungsergebnisse in gesetzgeberische Praxis, wenn man die Möglichkeiten ins Auge faßt, die sich dafür bereits bei der Konzipierung der Erstentwürfe auf der Ebene der Fachministerien bieten und von diesen auch zunehmend stärker genutzt werden. Dennoch ist diese Art der Mitwirkung der Rechtswissenschaftler im Verfassungs- und Rechtsausschuß durch einige Spezifika gekennzeichnet, die sie von der Mitarbeit auf der Ebene der Ministerien unterscheidet und von denen gleich noch zu reden sein wird. Die zweite Gruppe betrifft Erfahrungen und Orientierungen, die sich für die Staats- und Rechtswissenschaft aus dieser Arbeitsweise, den Arbeitsprinzipien und -ergebnissen des Ausschusses für die wissenschaftliche Durchdringung und Fundierung des gesamten Gesetzgebungsprozesses, seines sozialistischen wissenschaftlichen Charakters generell ergeben. Ihre theoretische Verallgemeinerung und entsprechend fundierte, modifizierte Einführung und Berücksichtigung, ihre praktische Anwendung in anderen Teilabschnitten des gesamten Rechtsbildungsprozesses, ist eine wissenschaftsstrategische Aufgabe, die das Verhältnis von Rechtswissenschaft und Gesetzgebung von einer ganz anderen Seite beleuchtet. Hier gehen nicht die unmittelbaren wissenschaftlichen Erkenntnisse als Gegenstand in den Gesetzgebungsprozeß ein, sondern hier ist der Gesetzgebungsprozeß selbst Gegenstand staats- und rechtswissenschaftlicher Forschung, deren Ergebnisse wiederum die wissenschaftlichen Fundamente sozialistischer staatlicher Leitungstätigkeit auf diesem spezifischen Teilgebiet verstärken können.

Im folgenden einige detaillierte Bemerkungen über die erste Gruppe von Erfahrungen:

1. Wenn die politische Grundentscheidung über die gesetzliche Regelung bestimmter neu entstandener oder entstehender gesellschaftlicher Verhältnisse bzw. ihre notwendige Weiterentwicklung, Orientierung und damit ihre Veränderung unter Zuhilfenahme der spezifischen Mittel einer gesetzlichen Regelung getroffen ist, dann werden in aller Regel zwei Anforderungen an die Rechtswissenschaft erhoben: Erstens wird von ihr erwartet oder sie wird direkt dazu aufgefordert, aus den Ergebnissen ihrer Arbeit heraus konzeptionelle Vorstellungen über die Richtung zu unterbreiten, in der sich die juristische Regelung der anstehenden Probleme vollziehen soll. Zweitens werden von ihr Vorschläge für diese Regelung, wird aktive Mitarbeit an der Formulierung der Entwürfe von ihr erwartet oder gefordert. Ich halte das für gerechtfertigt. Diese Art der verantwortlichen Teilnahme der Wissenschaft an der praktischen Gesetzesausarbeitung ist Ausdruck der politischen Verantwortung der Staats- und Rechtswissenschaft, ihre wissenschaftlichen Ergebnisse in eine diesen Ergebnissen entsprechende staatliche Praxis zu überführen. Das ist eine den spezifisch sozialistischen Gesellschaftsverhältnissen eigene Möglichkeit der Umsetzung wissenschaftlicher Erkenntnisse in die staatspolitische Praxis, die nicht für jede Gesellschaftsformation in gleicher Weise typisch ist. Diese Teilnahme an der Gesetzgebung setzt allerdings voraus, daß die Rechtswissenschaft über entsprechende wissenschaftliche Arbeitsergebnisse verfügt, aus denen Regelungskonzeptionen und Regelungen – was bekanntlich durchaus nicht dasselbe ist – gleichermaßen entstehen können. Unter entsprechenden wissenschaftlichen Arbeitsergebnissen ist hier vor allem zu verstehen, daß eine solche juristische Analyse der zu regelnden Probleme vorliegt, die die zugrunde liegenden sozialökonomischen Faktoren und Analyseergebnisse bereits einschließt und auf ihnen beruht bzw. die sozialen, ökonomischen und politischen Probleme, Voraussetzungen wie auch Konsequenzen der vorzuschlagenden Regelung zumindest sichtbar macht. Der Hinweis auf Konsequenzen soll andeuten, daß solche konzeptionellen Vorstellungen auch einen wissenschaftlich vertretbaren, d. h. beweisfähigen und realistischen prognostischen Gehalt haben sollten, damit von vornherein nicht nur die beabsichtigten, sondern soweit als möglich auch die aller Voraussicht nach tatsächlich eintretenden Wirkungen der betreffenden gesetzlichen

Regelung erörtert und weitgehend in Übereinstimmung miteinander gebracht werden können.

Man kann unterschiedlicher Auffassung darüber sein, ob das vom Gesetzgeber mit der Vorbereitung des Entwurfs beauftragte staatliche Organ, die entsprechende Abteilung oder Arbeitsgruppe im Fachministerium von verschiedenen Wissenschaftsdisziplinen, deren Ergebnisse für die vorgesehene Regelung von Belang sind, gesonderte und spezielle Analysen anfordern soll, deren Kombination, Verallgemeinerung und Synthetisierung dann in der Arbeitsgruppe selbst erfolgt oder ob es zur gesellschaftlichen Verantwortung der Rechtswissenschaft gehört, solche Analysen bereits aufzuarbeiten und ein entsprechend komplexes Gesamtergebnis vorzulegen. Die Erfahrung lehrt, daß die Wirksamkeit und die Tragfähigkeit der von der Rechtswissenschaft vorgelegten konzeptionellen Vorstellungen über gesetzliche Regelungen um so größer ist, je besser in ihnen die Verarbeitung wissenschaftlicher Forschungsergebnisse anderer Disziplinen bereits vorgenommen und – was wichtig ist – mit eigenen, selbständigen Analysen über die soziale Wirksamkeit der geltenden rechtlichen Regelungen aus dem betreffenden Gebiet verbunden wurde und je umfassender die konkreten politischen und ökonomischen nationalen und auch internationalen Bedingungen, unter denen die vorgesehene Regelung wirksam werden soll, in die Analyse einbezogen und in ihren konzeptionellen Konsequenzen verarbeitet wurden. Für die praktische Tragfähigkeit solcher konzeptioneller Vorstellungen und auch für die Entscheidung der Frage, welche speziellen Analysen für ihre Ausarbeitung erforderlich sind, ist ferner ganz entscheidend, daß in jeder Arbeitsphase von den angestrebten ökonomischen und sozial-politischen Zielen der vorgesehenen Regelung ausgegangen wird und diese Ziele auch immer als Maßstab für die Lösung der bei der konkreten Ausarbeitung des Entwurfs auftretenden vielfältigen juristischen Fragen herangezogen werden.

In der spezifischen Arbeit des Verfassungs- und Rechtsausschusses kommt dieser konzeptionelle Aspekt, der von der Rechtswissenschaft als ihr Beitrag zur Gesetzgebung in erster Linie und mit Recht abgefordert wird, vor allem in zweierlei Hinsicht immer wieder zum Tragen: Vom Ausschuß wird entsprechend seinen verfassungsrechtlichen Pflichten verlangt, die Übereinstimmung der vorgelegten Gesetzentwürfe mit dem Verfassungstext und mit der politischen Gesamtrichtung der Verfassungswirklichkeit sowie seine Übereinstimmung mit dem Gesamtsystem der geltenden Gesetze zu prüfen. Diese Aufgabe ist ohne die Erörterung der konzeptionellen Vorstellungen des jeweils vorliegenden Gesetzentwurfes, seine Einordnung in die politische, ökonomische und soziale Gesamtentwicklung unserer Gesellschaft nicht lösbar. Gerade in dieser Hinsicht wird der Beitrag der Rechtswissenschaft um so unentbehrlicher, je weiter die wissenschaftlich fundierte Leitung der gesellschaftlichen Gesamtentwicklung vorankommt, je langfristiger und tiefgreifender die ökonomischen und sozialen Wirkungen staatlicher Entscheidungen durch die Komplexität der gesellschaftlichen Beziehungen und die Entwicklung der gesellschaftlichen Produktivkräfte werden.

Der Ausschuß hat darüber hinaus gleichzeitig die zu erwartende soziale rechtspolitische, bewußtseins- und verhaltensbildende Wirksamkeit der vorgesehenen Regelungen aus seiner Sicht zu prüfen. Dazu dienen ihm seine eigenen Analysen über die Wirksamkeit des geltenden Rechts und die sozialen sowie fachspezifischen Kenntnisse und Erfahrungen seiner Mitglieder als Vergleichsbasis und wichtiger Maßstab, die notwendigerweise ein breites Spektrum aufweisen. Auch hier haben aber die konzeptionellen Erkenntnisse der Wissenschaft ihren unverzichtbaren und nicht austauschbaren Platz sowohl zur richtigen Einordnung sozialer Erfahrungen als auch zur Konkretisierung wissenschaftlicher Aussagen.

Es kann und es sollte in diesem Zusammennang auch einmal zugunsten der Staats- und Rechtswissenschaft festgestellt werden, daß dieser von ihr erwartete und von ihr zu leistende analytisch-konzeptionelle Beitrag zur konkreten Gesetzgebung in den vergangenen Jahren fortlaufend und sichtbar an Qualität gewonnen hat. Natürlich gibt es hier, wie überall, Differenzierungen zwischen den einzelnen Bereichen und Rechtszweigen. Auch innerhalb der Rechtszweige ist bei unterschiedlichen Gesetzgebungsvorhaben der analytisch-konzeptionelle Beitrag nicht immer gleich, aber der Fortschritt ist hier unverkennbar. Setzen wir diesen Fortschritt allerdings ins Verhältnis zu den Anforderungen, die der X. Parteitag der SED an die Gesetzgebung stellt, dann ergibt sich, daß gerade in dieser Richtung die größten Anstrengungen zur weiteren Qualifizierung unserer wissenschaftlichen Arbeit für die Gesetzgebung gemacht werden müssen. Einerseits ist die der sozialistischen Gesellschaftsformation eigene und sie kennzeichnende Wissenschaftlichkeit der Staatspolitik und damit auch ihrer wesentlichen Instrumentarien, zu denen die Gesetzgebung gehört, mit einer zunehmenden Heranziehung und Einbeziehung auch der Rechtswissenschaft und ihrer Ergebnisse in die praktische Gesetzgebungsarbeit verbunden, bietet der Charakter der sozialistischen Gesellschaftsordnung mit seiner zunehmenden Bewußtheit, Organisiertheit und wissenschaftlichen Fundierung der gesamten Leitung der gesellschaftlichen Entwicklung auch der Staats- und Rechtswissenschaft immer größere Möglichkeiten, ihre wissenschaftlichen Erkenntnisse praxiswirksam zu machen, erhöht ihr spezifisches Gewicht und ihren notwendigen Anteil an der Leitung der Gesellschaft. Andererseits ist aber gerade dieser Charakter der sozialistischen Gesellschaft eine große und größer werdende Herausforderung der Gesellschaft gegenüber der Wissenschaft der wir uns mit wachsenden Anstrengungen zur Qualifizierung unseres Beitrages auch für eine wissenschaftlich fundierte und gerade deshalb gesellschaftlich wirksame Gesetzgebung zu stellen haben.

2. Die Mitarbeit von Rechtswissenschaftlern im Verfassungs- und Rechtsausschuß der Volkskammer, vor allem ihre unmittelbare Teilnahme an den praktischen Untersuchungen des Ausschusses und seiner Arbeitsgruppen über die Wirksamkeit geltender gesetzlicher Bestimmungen, vermittelt eine weitere Erfahrung, die Schlußfolgerungen darüber zuläßt, wie die Rechtswissenschaft ihren Einfluß auf die Gesetzgebung noch weiter verstärken kann. In diesen Untersuchungen wird der Ausschuß vor allem mit Problemen konfrontiert, die bei der Verwirklichung der geltenden Rechtsnormen auftauchen.

Diese Probleme besitzen sehr unterschiedlichen Charakter. Einmal kann es sich um Fragen des Verständnisses der sozialen Zielsetzung der betreffenden Norm oder – was häufig der Fall ist – des in Frage kommenden Normengefüges handeln, ein anderes Mal um Fragen des Zusammenhanges zwischen verschiedenen Rechtsnormen oder ihrer richtigen Anwendung auf spezifische gesellschaftliche Bedingungen usw. Es handelt sich aber auch oft um Probleme, die aus der Verwirklichung der geltenden Normen als neue gesellschaftliche Widersprüche und Fragen auftauchen und Folgen einer richtigen und konsequenten Rechtsverwirklichung sind. Ein Teil dieser Probleme wirft die Frage weitergehender, neuer oder präzisierender rechtlicher Regelungen auf, von denen ein Teil wiederum auch gesetzlichen Charakter tragen kann. Andere Probleme, die in diesem Zusammenhang bekannt werden, sind Fragen, die nach eingehender Prüfung zu dem Schluß führen können, daß bestimmte Rechtsnormen nicht mehr den weiter entwickelten, insofern also veränderten gesellschaftlichen Bedingungen entsprechen und durch Neuregelungen ersetzt werden müssen.

Ich sage das mit aller gebotenen Vorsicht und der notwendigen einschränkenden Zurückhaltung, weil gerade hier voreilige und nicht wirklich gründlich und nach allen Richtungen überprüfte Schlußfolgerungen zu besonders nachteiligen Folgen führen können. Nicht alles, was an einem oder mehreren Orten unserer Republik sich tatsächlich als überholt erweist und den dort angetroffenen fortgeschrittenen Bedingungen nicht mehr angemessen ist, muß gleichermaßen auch an anderen Orten oder im Gesamtmaßstab der Republik schon ebenso überholt und unangemessen sein. Deshalb ist hier größte Bedachtsamkeit und Umsicht am Platze, wenn es um praktische gesetzgeberische Maßnahmen gehen soll. Gerade diese Tatsache aber sollte für die *Rechtswissenschaft* Anlaß sein, sich mit besonderer Aufmerksamkeit *diesen* Fragen und Problemen, ihrer wissenschaftlichen Bearbeitung und Durchdringung zuzuwenden, mit ihren Mitteln und Kräften deren allseitige und gründliche Prüfung in die Wege zu leiten und daraus Vorschläge zur weiteren Entwicklung und Ausgestaltung unserer Rechtsordnung im Interesse der Erhöhung ihrer Wirksamkeit zu unterbreiten. Das wäre ganz im Sinne des X. Parteitages der SED „solche Gesetze und andere Rechtsvorschriften zu überarbeiten oder neu zu fassen, die dem Stand der Entwicklung nicht mehr entsprechen."[1] Das stellt auch eine Aufforderung an die Staats- und Rechtswissenschaft dar, begründet und schlüssig Widersprüche zwischen dem Stand und den Erfordernissen der gesellschaftlichen Entwicklung einerseits und dem geltenden Recht andererseits nachzuweisen und vor allem wissenschaftlich fundierte und abgewogene Vorschläge über die Richtung und die Wege zur Lösung und zur Überwindung solcher Widersprüche zu unterbreiten.

Auch in dieser Hinsicht gibt es aus der Vergangenheit und auch in der Gegenwart gute und richtungsweisende Beispiele aus verschiedenen Rechtszweigen. Ich meine aber, daß gerade die in den vergangenen Jahren gewachsene und enger gewordene Verbindung der Rechtswissenschaft zur Staats- und Rechtspraxis – der Verfassungs- und Rechtsausschuß ist ja bei weitem nicht das einzige staatliche Organ, in dem unsere Wissenschaft aktiv mitarbeitet – bei entsprechender Koordinierung der hier bereits vorhandenen Aktivitäten wesentlich stärker wirksam werden kann. Ich stelle in diesem Zusammenhang mit Absicht die Frage der Praxis und der Koordinierung. Die Erfahrungen des Ausschusses besagen hier – und ich nehme an, daß dies mit den Erfahrungen der Rechtsabteilung des Ministerrates und auch des Ministeriums der Justiz übereinstimmt – daß wissenschaftlich fundierte und zugleich ausgewogene, den realen Bedingungen und Erfordernissen unserer gesellschaftlichen Praxis und ihrer weiteren, planmäßigen, auf die Festigung sozialistischer Gesellschaftsverhältnisse und Verhaltensweisen gerichtete Entwicklung entsprechende Vorschläge zur Ausgestaltung unserer Rechtsordnung nicht im Alleingang der Wissenschaft, sondern nur in engster Kooperation mit den Organen der Staats- und Rechtspraxis möglich sind, deren Aufgabenbereich auch die Rechtsgestaltung mit umfaßt. Die Analyse und Verallgemeinerung praktischer Erfahrungen und der realen Bedingungen ist unverzichtbarer Bestandteil wissenschaftlicher Arbeit auf diesem Gebiet. Die Erfahrungen des Ausschusses besagen aber auch, daß solche Vorschläge der Wissenschaft und der Praxis zur weiteren Gestaltung unserer Rechtsordnung in viel stärkerem Maße als bisher die Kooperation und die Koordinierung der einzelnen Zweigdisziplinen der Staats- und Rechtswissenschaft untereinander erfordern. Es ist schon relativ viel über unsere notwendige interdisziplinäre Zusammenarbeit mit anderen Wissenschaftsdisziplinen nachgedacht, geschrieben und auch in die Wege geleitet worden. Bei diesem richtigen und guten Bemühen sollten wir aber der Zusammenarbeit und der Koordinierung der Arbeitsergebnisse zwischen den rechtswissenschaftlichen Zweigdisziplinen nicht weniger Aufmerksamkeit schenken, denn auch das entspricht der wachsenden Komplexität der gesellschaftlichen Beziehungen und ihrer Leitungserfordernisse im entwickelten Sozialismus. Für die Gesetzgebung ist es unter diesen Bedingungen intensiver werdender Wechselwirkungen zwischen den verschiedenen Bereichen des gesellschaftlichen Lebens und ihrer Leitung, aus der sich mit

Notwendigkeit eine immer stärkere wechselseitige Abhängigkeit und Beeinflussung der einzelnen Gesetzgebungsakte auf den verschiedensten Bereichen ergibt und neue Notwendigkeiten ineinander verflochtener und aufeinander abgestimmter komplexer Regelungen heranreifen, eine Grundvoraussetzung fruchtbarer und gestaltender Mitarbeit der Rechtswissenschaft, daß deren Zweigdisziplinen untereinander eng zusammenwirken und zu abgestimmten Vorschlägen finden. Das wird um so notwendiger, wenn die Rechtswissenschaft über Einzelvorschläge hinaus in Zukunft einen wirksamen Beitrag zu einer abgestimmten, wissenschaftlich fundierten längerfristigen staatlichen Planung der Gesetzgebung leisten will, zu der die Staatspraxis notwendig übergehen muß und bereits übergegangen ist.

Im weiteren einige Bemerkungen zur zweiten Gruppe von Erfahrungen aus der Ausschußarbeit: Sie betreffen die wissenschaftliche Fundierung des Gesetzgebungsprozesses in seiner Gesamtheit und sind vorzugsweise methodischer bzw. methodologischer Art.

Zunächst besagen diese Erfahrungen, daß es an der Zeit ist und auch die objektiven Voraussetzungen dafür bestehen, eine wissenschaftlich begründete Methodik sozialistischer Gesetzgebung auszuarbeiten, die allerdings selbst wiederum Bestandteil und Ergebnis einer marxistisch-leninistischen Theorie der Rechtsbildung sein muß. Sowohl diese Theorie als auch eine solche wissenschaftlich fundierte Methodik ist weniger die Frage nach einem mehr oder weniger perfektionierten Mechanismus gesetzgeberischer Zuständigkeiten und der zeitlichen Abfolge notwendiger Arbeitstakte im Gesetzgebungs- bzw. Rechtsetzungsverfahren, sondern vor allem die Frage nach den gesellschaftlichen Voraussetzungen und Notwendigkeiten der Rechtsbildung als breiter und tiefgreifender sozialer Prozeß, in den das staatliche Gesetzgebungsverfahren, insbesondere das Verfahren der Vorbereitung von Gesetzen, nicht nur als Teilprozeß eingeordnet ist, sondern der in großem Umfang auch durch diesen staatlichen Mechanismus als sozialer Prozeß in Gang gesetzt, vor allem aber zu verbindlichen und gesellschaftlich wirksamen Ergebnissen geführt werden muß. In dieser Hinsicht sei hier auf zwei Erfahrungen aus der Ausschußarbeit hingewiesen, die in eine theoretisch verallgemeinernde Arbeit auf diesem Gebiet Eingang finden könnten.

1. Ein Charakteristikum der Arbeit des Ausschusses, das sich in den vergangenen Jahren herausgebildet hat und auch bewußt entwickelt worden ist, besteht darin, daß die Überprüfung der Wirksamkeit geltender gesetzlicher Regelungen immer auch Probleme zutage gefördert hat – ich deutete das bereits an – die das reale gesellschaftliche Bedürfnis einer Präzisierung oder gar einer Neufassung gesetzlicher oder nachgeordneter rechtlicher Regelungen anzeigten. Wenn auch in dieser Frage außerordentliche Bedachtsamkeit und Vorsicht am Platz ist, weil auch von zwei- oder mehrfach festgestellter gleichartiger Problemlage noch nicht ohne weiteres auf ein umfassendes gesellschaftliches Bedürfnis oder ein gesamtgesellschaftliches Interesse geschlossen werden kann, (hier taucht bereits die wissenschaftlich noch nicht hinreichend geklärte Frage nach den Indikatoren für ein solches Bedürfnis bzw. Interesse und dem notwendigen Anteil der Rechtswissenschaft an seiner Ermittlung auf) so zeigen doch die dazu punktuell gesammelten Erfahrungen, daß diese Kontrolle und die mit ihr untrennbar verbundene, ihr weder vor- noch nachgeordnete aktive Mitarbeit an der Verwirklichung der geltenden Gesetze und Rechtsvorschriften, an der Verwirklichung der sozialistischen Gesetzlichkeit, zugleich auch rechtliche Regelungsnotwendigkeiten aufdeckt. Sie gehen erstens aus der gesellschaftlichen Praxis unmittelbar, sichtbar und nachweisbar hervor, sind zweitens von gesellschaftlichen Kräften getragen, die hier in ihrer Verantwortung als Abgeordnete tätig werden, können drittens unmittelbar in den gesellschaftlich-staatlichen Rechtsbildungsprozeß eingegeben werden und verdeutlichen damit auch den ge-

sellschaftlich-staatlichen Charakter dieses Prozesses, seine innere Verflechtung, auf spezifische Weise.

Man könnte natürlich sagen, es sei eine Binsenwahrheit, daß der Prozeß der Rechtsverwirklichung oder – im engeren Sinne – der Rechtsanwendung durch die staatlichen Organe, unmittelbar und untrennbar mit der Neubildung von Recht, der Rechtsetzung, verbunden sei. Abgesehen aber davon, daß in der Theorie wie in der Praxis trotzdem beide Prozesse noch oft voneinander getrennt werden, kommt es mir hier nicht so sehr auf die Tatsache an, daß die staatlichen Organe bei ihrer Rechtsanwendung auf neue Regelungsnotwendigkeiten stoßen – die überdies auch aus ihren eigenen und nicht immer gesellschaftlich gerechtfertigten Perfektionierungsbedürfnissen entstehen können – sondern darauf, daß hier rechtliche Regelungsbedürfnisse aus dem unmittelbaren sozialen Erlebnis- und Erfahrungsbereich, dem Bereich der mit den sozialen Wirkungen der Rechtsnormen unmittelbar konfrontierten Menschen herauswachsen und abgeleitet werden. Diese Bedürfnisse fließen nicht nur und nicht primär über die Kanäle des Staatsapparates, sondern über politisch-gesellschaftliche Kräfte, die Abgeordneten, in den Rechtsbildungsprozeß einfließen. Setzen wir hinzu, daß noch weit mehr Aktivitäten solcher Art, die letztlich mehr oder weniger deutlich formulierte Rechtsforderungen enthalten, über die Gesamtheit der politisch-gesellschaftlichen Strukturen, die politischen Parteien und die gesellschaftlichen Massenorganisationen, insbesondere über die politisch führende Kraft unserer Gesellschaft, die Partei der Arbeiterklasse, und über die Gewerkschaften, aber auch über die befreundeten Parteien des Demokratischen Blocks und über die Nationale Front sich in den Zentren der politischen Willensbildung unserer Gesellschaft zu entsprechenden Willensbekundungen verdichten – einem wesentlichen Daseinszweck dieser politischen Strukturen – dann wird der gesellschaftliche Charakter des Rechtsbildungsprozesses vollends sichtbar.

Damit wird aber zugleich auch eine wesentliche Richtung deutlich, in der die wissenschaftliche, theoretische Durchdringung des Rechtsbildungsprozesses entwickelt und ausgebaut werden muß. Neben den notwendigen, durch die Entwicklung der gesellschaftlichen Produktivkräfte bedingten, durch die fortschreitende gesellschaftliche Arbeitsteilung und die wachsende Verflechtung der gesellschaftlichen Bereiche wesentlich differenzierter und kombinationsfähiger als bisher erforderlichen Analysen und Bilanzen über materielle, finanzielle und auch kräftemäßige Möglichkeiten der Gesellschaft, die heute für eine wissenschaftlich fundierte Gesetzgebung erforderlich sind und letztlich durch den technischen Fortschritt auch erleichtert werden können, ist die theoretische Durchdringung dieses sozialen Prozesses der Rechtsbildung, die Aufdeckung seiner notwendigen Phasen, seiner Verbindungsglieder zwischen staatlichen und nichtstaatlichen gesellschaftlichen Elementen und seiner gesellschaftlich effektiven Gestaltung durch das gesamte politische System unserer Gesellschaft und die Ermittlung des Anteils, den die staatlichen Organe daran zu leisten haben und zu leisten vermögen, außerordentlich aktuell. Diese Arbeit ist ein unabdingbares Element wissenschaftlich fundierter Gesetzgebung und ein notwendiger Beitrag zur weiteren Ausarbeitung der Theorie der entwikkelten sozialistischen Gesellschaft. Das Erfordernis interdisziplinärer Zusammenarbeit ist hier evident.

2. Ein zweiter Charakterzug der Ausschußarbeit in diesem Zusammenhang besteht darin, daß der Ausschuß und seine Mitglieder – und dies betrifft in mehr oder weniger deutlicher Form auch auf andere Ausschüsse der Volkskammer zu – sich in verstärktem Maße bereits an der Ausarbeitung von Gesetzentwürfen beteiligen, bevor sie als Vorlage in den Ministerrat kommen und bereits in diesem Stadium ihre eigenen sozialen Erfahrungen – nicht nur ihre juristischen Kenntnisse – einbringen. Die Erfahrung lehrt,

daß diese Form der Zusammenarbeit der Qualität der Gesetzentwürfe sehr zuträglich ist und wechselseitig zum Austausch wertvoller und nützlicher Erfahrungen führt. Das ist ein praktisches Ergebnis, ein wichtiges Kennzeichen der Überwindung des bürgerlichen Prinzips der Gewaltenteilung. Dieses Ergebnis beruht zunächst einmal darauf, daß Volksvertretung und Regierung im Sozialismus von einheitlichen Grundinteressen, den Interessen der Arbeiterklasse, ausgehen und ausgehen können, daß sie auf einheitliche Ziele, nämlich die Verwirklichung dieser Interessen, verpflichtet sind und daher nicht im Widerspruch zueinander stehen. Jeder Versuch, hier einen Widerspruch zu konstruieren oder etwa gar in der Praxis des staatlichen und gesellschaftlichen Lebens aufzubauen, würde letztlich auf eine Wiederbelebung des bürgerlichen Parlamentarismus in dieser oder jener Form mit seinen bekannten Folgen hinauslaufen.

Diese Zusammenarbeit ist aber auch durch eine eindeutige Arbeitsteilung gekennzeichnet. Sie besteht vor allem darin, daß die an dieser Arbeit beteiligten Abgeordneten in die Beratung von Vorstellungen oder vorliegenden Regelungsvorschlägen und -varianten ihre spezifischen Erfahrungen und Erkenntnisse aus ihrer Abgeordnetentätigkeit, ihrem eigenen, meist durch ihre gesellschaftliche Aktivität zusätzlich erweiterten und breiter gefächerten Arbeits- und Lebensbereich, aus ihrer Wahlkreistätigkeit und ihrer Kontrolltätigkeit im Ausschuß einbringen und ihrerseits in diesen Beratungen Erwägungen und auf anderen analytischen Materialien beruhende Schlußfolgerungen kennenlernen, die ihre eigene politische Urteilsbildung weiter fundieren. Gleichzeitig treffen sie dort auf zahlreiche andere, mit der entsprechenden Materie besonders auf dem Gebiet der Rechtsanwendung befaßte „Erfahrungsträger“ (z. B. Vorsitzende von Konflikt- und Schiedskommissionen bei den Beratungen über die Neufassung des Gesetzes über die gesellschaftlichen Gerichte) die ebenfalls an der Meinungsbildung in der angegebenen Weise beteiligt sind. Die Mitarbeiter der staatlichen Organe ihrerseits, die mit der Ausarbeitung der Gesetzesvorlagen beauftragt und für sie verantwortlich sind, werden dadurch in die Lage versetzt, ihre fachspezifischen Analysen und Vorschläge sowie ihre eigenen, auf den spezifischen Wegen der staatlichen Leitung erlangten und verallgemeinerten sozialen Erfahrungen und Erkenntnisse zu bereichern, zu erweitern und spezifische Erkenntnisse aus der staatlichen Leitungspraxis mitzuteilen.

Diese Zusammenarbeit hat sich bisher als außerordentlich nützlich für die Qualität der Gesetzgebung erwiesen. Der Hinweis auf die in dieser Zusammenarbeit herrschende notwendige Arbeitsteilung ist nicht nur methodisch, sondern auch deshalb wesentlich, weil gerade aus ihr deutlich wird, daß diese Zusammenarbeit, die auf spezifische Weise die Einheit der Staatsmacht in der entwickelten sozialistischen Gesellschaft zum Ausdruck bringt, in keiner Weise zu einer Vermischung der jeweils spezifischen Funktionen der daran beteiligten Staatsorgane und ihrer jeweiligen spezifischen Verantwortung führt oder etwa notwendig dahin führen müßte. Umgekehrt, jedes der daran beteiligten Organe wird in die Lage versetzt und sogar stimuliert, seiner spezifischen Verantwortung besser, mit umfassenderer Kenntnis und dadurch qualifizierterem Urteilsvermögen nachzukommen. Die Abgeordneten, die durch eine solche Arbeitsweise keineswegs zu „Erfüllungsgehilfen“ der Ministerien werden, sondern eher als gesellschaftliche Berater und Ratgeber mit beachtlicher Autorität zu betrachten sind, können sich keineswegs ihrer Verantwortung der abschließenden kollektiven politischen Beurteilung der Gesetzesvorlage entziehen. Sie erweitern vielmehr die Grundlagen ihrer Urteilsbildung. Gleichzeitig üben sie mit dieser Arbeit eine zwar partielle, aber wirksame, unmittelbare, am Arbeitsprozeß und seinen Ergebnissen orientierte spezifische Form der Kontrolle des Staatsapparates, der Arbeit von Ministerien aus und können sich ein Urteil über deren Arbeit nicht nur am Ergebnis, sondern auch an dessen Erarbeitung bilden. Die

Mitarbeiter der staatlichen Organe, insbesondere der Ministerien, werden ihrerseits durch diese Zusammenarbeit mit solchen sozialen Erfahrungen bekanntgemacht, die für die Qualifizierung ihrer eigenen Arbeit, die Verwirklichung ihrer spezifischen Verantwortung, nützlich sind. Ihnen wird nämlich der soziale Rahmen und die gesellschaftliche Tragweite dieser Verantwortung auch aus anderen, ihnen aus ihrer fachspezifischen Tätigkeit nicht unmittelbar und in jedem Falle zugänglichen Aspekten und Zusammenhängen dadurch verdeutlicht. Auch das Bewußtsein, daß ihre Überlegungen, Vorschläge und Schlußfolgerungen von den beteiligten Abgeordenten unverzüglich durch deren Zusammenarbeit mit ihren Wählern im Wahlkreis erörtert und auf ihre gesellschaftliche Tragfähigkeit überprüft werden können, wirkt erfahrungsgemäß qualitätsfördernd.

Dieser kleine Ausschnitt der praktischen staatlichen Leitungstätigkeit aus den Erfahrungen eines Volkskammerausschusses soll als Beweis dafür dienen, wie arbeitsteilige Komplexität im staatlichen Leitungsprozeß unter unseren Bedingungen der entwickelten sozialistischen Gesellschaft und ihrer weiteren Gestaltung eine qualifiziertere Wahrnehmung der spezifischen Verantwortung aller beteiligten staatlichen Organe bewirkt und sie den an sie gestellten höheren Anforderungen durch gemeinsame Arbeit gerecht werden können.

Ich meine, daß diese und noch andere Erfahrungen und Aspekte der staatlichen Leitungstätigkeit, für die die hier ausschnittsweise und stichpunktartig dargestellten Erfahrungen des Verfassungs- und Rechtsausschusses nur stellvertretend und als ein Beispiel unter vielen anderen gelten sollten, einer intensiveren theoretischen Durchdringung wert und für die weitere Ausarbeitung der wissenschaftlichen Grundlagen sozialistischer Gesetzgebung nützlich sein können.

Anmerkung

1 Bericht des ZK der SED an den X. Parteitag der SED, Berichterstatter Erich Honecker, Berlin 1981, S. 119.

Ingo Wagner

Rechtswissenschaft, Rechtsbildung, Gesetzgebungssystem

Die Sitzung des Rates für staats- und rechtswissenschaftliche Forschung an der Akademie der Wissenschaften der DDR zum Thema „Rechtswissenschaft und Gesetzgebung" hat eine Reihe umfangreicher Fragen aufgeworfen. Viele interessante und konstruktive Gedanken aus theoretischer und praktischer Sicht wurden vorgetragen. Der im Referat von K. A. Mollnau auf dieser Tagung des Rates vorgelegten Analyse des sozialistischen Rechtsbildungsprozesses und den hieraus abgeleiteten rechtstheoretischen Problemen und Aufgaben kann in vielem und in ihrer Generalität durchaus zugestimmt werden. Allerdings scheint es notwendig zu sein, eine Reihe dieser Grundaussagen, die in ihrer Allgemeinheit nicht zu bezweifeln sind, konkret und spezifisch zu betrachten, denn dort beginnen die Probleme.

So schließt z. B. die auf der Grundlage von den Parteibeschlüssen und in Beachtung des geltenden Rechts geforderte wissenschaftliche Haltung gegenüber dem Recht auch de lege ferenda-Überlegungen ein. Auf dem X. Parteitag der SED wurde auch gefordert, die sozialistische Rechtsordnung ständig zu vervollkommnen, „solche Gesetze und andere Rechtsvorschriften zu überarbeiten oder neu zu fassen, die dem Stand der Entwicklung nicht mehr entsprechen".[1] Die weitere Vervollkommnung der sozialistischen Gesetzgebung ist ohne wissenschaftliche Einstellung zum geltenden Recht überhaupt nicht möglich. Das wirft natürlich viele konkrete Probleme auf, die von der Planung der Rechtsetzung, der Prognose der Entwicklung rechtlicher Überbauerscheinungen bis hin zu Analysen und Ergebnissen der Wirksamkeit sozialistischer Rechtsnormen reichen. Grundsätzlich muß bei allen de lege ferenda-Überlegungen beachtet werden, daß und wie sie zur Festigung der sozialistischen Gesetzlichkeit beitragen. In dieser Richtung muß weiter nachgedacht werden.

Im einführenden Referat wurde eine unbestreitbare Tatsache wiedergegeben, daß theoretische Reflexionen über die Bildung des sozialistischen Rechts, zur rechtswissenschaftlichen Arbeit überhaupt, zu ihrer Natur gehören. Insofern sei die Rechtswissenschaft selbst eine Komponente der Rechtsbildung. Hieraus wurden Ebenen und Aufgaben der diesbezüglichen rechtswissenschaftlichen Forschung abgeleitet. Dazu könnten weitere Grundtatsachen angeführt werden; da der tatsächliche Inhalt der rechtlichen Regelung nichtjuristischer Natur ist und substantiell von anderen Wissenschaften erforscht wird, sind diese auch irgendwie an der Rechtsbildung wesentlich beteiligt. Eine solche Tatsache ist auch die, daß an der Transformierung objektiver Erfordernisse in normative Rechte und Pflichten die marxistisch-leninistische Erkenntnistheorie, die Normenlogik und die Sprachwissenschaft teilhaben.

Auch reflektieren die anschaulichen Erfahrungen aus der Arbeit des Verfassungs- und Rechtsausschusses der Volkskammer der DDR die Tatsache, daß zur Rechtsbildung auch die wissenschaftliche Leitung diesbezüglicher Prozesse im Rahmen und auf dem Boden der verfassungsrechtlichen Organisation der Rechtssetzung und ihrer Entwicklung gehört. Mit diesen Beispielen sollte nur verdeutlicht werden, daß es auch wesentlich darauf ankommt, die Frage nach dem spezifischen Beitrag der Staats- und Rechtstheorie, sowie der einzelnen juristischen Zweigwissenschaften und anderer Wissenschaften an der Bildung des sozialistischen Rechts zu stellen, entsprechende Forschungslinien zu erkunden und zu bestimmen. Das umfassende wissenschaftliche Arbeitsangebot im einführenden Referat von K. A. Mollnau bestätigt diese Überlegung.

Eine verselbständigte Gesetzeswissenschaft, in die sozusagen Rechtsbildung und Rechtsetzung eingehen, ist abzulehnen. Ebenso ist abzulehnen, die vorhandene Rechtsetzungstheorie in eine komplexe, multidisziplinäre Disziplin, die in sich Elemente der Grundlagenforschung und der angewandten Forschung zur gesamten Rechtsbildung verbindet, umzuwandeln. M. E. sollte das theoretische Gebilde, welches die Bildung des sozialistischen Rechts – einschließlich der Rechtsetzung – betrifft, folgenden wissenschaftlichen Anforderungen entsprechen:

- Rationelle Arbeitsteilung bei der zielgerichteten Abbildung des objektiv Gesetzmäßigen der Rechtsbildung und der optimalen Annäherung in verschiedenen Abstraktionsstufen an dieses differenzierte Objekt;
- Einbeziehung vorhandener theoretischer und methodologischer Erkenntnisse und Komponenten der Rechtsbildung in diese Theoriengliederung;
- Einbeziehung rechtswissenschaftlicher Disziplinen und anderer Wissenschaften in die Rechtsbildung;
- Praktische Anwendung diesbezüglicher theoretischer und methodologischer Erkenntnisse in der staatlichen Rechtsetzung.

In der sozialistischen Gesetzgebung kreuzen und verdichten sich Erkenntnisse vieler juristischer und nichtjuristischer Wissenschaften, werden im Werden der Rechtsnormen praxiswirksam. Die damit im Zusammenhang stehenden Probleme jedoch einfach der Rechtssetzungstheorie zuordnen zu wollen, würde weder deren Stellung in der Rechtstheorie, noch theoretisch-methodologischen Erfordernissen der Erkenntnisgewinnung und den Anforderungen der staatlichen Praxis gerecht.

Die Theorie der Rechtsbildung sollte deshalb als ein übergreifendes, grundlegendes Gebilde fungieren. Ihre Bausteine sind die inhaltliche Ableitung des sozialistischen Rechts aus objektiven gesellschaftlichen Erfordernissen, die Widerspiegelung durch das Recht in concreto und in Aktion (Prozeß), die Transformationsstufen, die die Umwandlung objektiver Erfordernisse in das Recht vermitteln sowie der sozialistisch-gesellschaftliche Inhalt des Rechts. In der Theorie der Rechtsbildung hebt sich die staatliche Rechtsetzungstätigkeit besonders ab. Sie konzentriert sich auf die Schlußetappe der Rechtsbildung. Als eine Hilfswissenschaft besonderer Art für die Rechtsetzung kann man sich eine „Gesetzeswissenschaft" vorstellen, die ihre theoretisch-methodologischen Aussagen – z. B. auch zur staatlich-rechtlichen Organisation der Gesetzgebung – für den Gesetzgeber und die Rechtswissenschaft mit praktisch-organisatorischen Mittlen und Methoden für die Rechtsetzung direkt verbindet. Sie ist also multidisziplinär auf dem Boden der Theorie des sozialistischen Rechts. Diese Fragen der Wissenschaftsentwicklung sind von großer Bedeutung. W. Weichelt hat in seinem Beitrag ebenfalls auf diese differenzierte Betrachtungsweise des Problems aufmerksam gemacht.

Im Einführungsreferat dieser Tagung des Rates wurde von K. A. Mollnau angeregt, Aussagen zum sozialistischen Rechtssystem und seiner Entwicklung – sofern sie wissenschaftlich begründet sind – auch als heuristisches Gesetzgebungsmodell zu betrachten. Damit verbundene Hoffnungen, bereits jetzt Zielvorstellungen bzw. langfristige Prognosen zur Entwicklung des gesamten Rechtssystems für die Gesetzgebung zu nutzen, sind m. E. jedoch skeptisch zu begegnen, da die Gesetzmäßigkeiten dieses Systems nicht genügend bekannt sind. Es versteht sich, daß in dieser Richtung gearbeitet werden muß.

Um die Gesetzgebung zu qualifizieren, bietet sich noch ein anderer Weg an: die Bestimmung des Systems der Gesetzgebung in der DDR.[2]

Die notwendige Erneuerung und Vervollkommnung der Gesetzgebung in den sozialistischen Ländern wirft unter dem Gesichtspunkt der Erhöhung der Wirksamkeit des Rechts natürlich viele rechtstheoretische Probleme auf. Der Ausbau der Gesetzgebung schließt insbesondere die Ausprägung des Gesetzgebungssystems ein, denn die Gesetzgebung hat zugleich ihr System, nach dem die Gesetze und die dem Gesetz untergeordneten normativen Rechtsakte in Gruppen gegliedert sind. Diesen Zweigen entsprechen bestimmte Gesetzgebungsbereiche der staatlichen Tätigkeit. Deshalb wäre es auch in der DDR zweckmäßig, die Zweige der Gesetzgebung zu bestimmen. Hierfür ist es aber bereits jetzt – unter Auswertung sowjetischer Erfahrungen – erforderlich, theoretische Vorarbeit zu leisten. Dabei ist folgendes zu beachten:

Zunächst wäre dazu zu vermerken, daß die Verwurzelung des Gesetzgebungssystems in subjektiven Bedingungen keinesfalls bedeutet, von Subjektivismus zu sprechen. Der Aufbau dieses Systems ist aus den Erfordernissen des Systems der objektiven Gesetze des Sozialismus abzuleiten. Obwohl die Art und Weise des Wirkens dieser Gesetze noch wenig theoretisch untersucht ist, wird es bereits jetzt erforderlich, Fragen nach der Gliederung und den diesbezüglichen Kriterien zu stellen und zu versuchen, sie im Ansatz zu beantworten.

Es ist D. A. Kerimow zuzustimmen, daß die Systematisierung der Gesetzgebung „im Unterschied zum Rechtssystem ein rationales rechtliches Gebilde ist, das von Gesetzgeber sowie von denjenigen Aufgaben und Zielen abhängt, von denen er sich bei der Ordnung der rechtlichen Festlegung leiten läßt.“[3]

S. W. Polenina verweist darauf, daß die Mehrzahl der Wissenschaftler die Meinung vertritt, daß sich das System der Gesetzgebung auf horizontaler Ebene wie folgt gliedert:

a) Gesetzgebungszweige, die den Rechtszweigen (Nebenzweigen) adäquat sind;
b) komplexe Zweige, die sich entsprechend staatlichen Leitungsbereichen herausbilden;
c) größere strukturelle Gebilde – Zweig- und Komplex-Normativakte, die größer als die Zweige sind.[4]

Dem ist ebenfalls zuzustimmen und auch dem, „daß kein Zweig der Gesetzgebung, nicht einmal ein mit dem entsprechenden Rechtszweig gleichnamiger Zweig, in ‚reiner‘ Form auftritt, sondern in diesem oder jenem Grade ein komplexer Zweig ist.“[5]

Die Kontur der Gliederung des Gesetzgebungssystems der DDR könnte – als heuristische Vorstellung gedacht – folgendermaßen aussehen:

a) Den Kern des Gesetzgebungssystems bilden die Gesetzgebungszweige. Sie sind den Rechtszweigen – Hauptzweigen, Unterzweigen, Zweigen – mehr oder weniger adäquat. So kommen z. B. das Staatsrecht, das Wirtschaftsrecht und das Zivilrecht als wesentliche Hauptzweige des Rechtssystems in gleichnamigen Gesetzgebungszweigen zum Ausdruck – Gesetzgebungszweige, die vollständig oder wesentlich den Rechtszweig zum Ausdruck bringen, könnte man bedingt als „allgemeinrechtliche“ bezeichnen.[6]

b) Gesetzgebungszweige können sich auch entsprechend den Bedürfnissen staatlicher Leitungsbereiche herausbilden. Da sich diese Bereiche nicht mit den Rechtszweigen decken, sind diese Zweige stets komplexer Natur. Der Rechtszweig kommt demzufolge in Nebenzweigen oder in vielen Zweigen der Gesetzgebung zum Ausdruck. Als ein solcher Gesetzgebungszweig wird z. B. das Veterinärrecht angesehen, das aus verschiedenen Komponenten der Rechtszweige besteht, „und zwar aus der staats-, verwaltungs-, wirtschafts-, arbeits-, zivil-, LPG-, straf- und völkerrechtlichen Komponente ...[7] Ähnliches zeigt sich in der sowjetischen Gesetzgebung auf dem Gebiet des Wasserrechts und des Wohnrechts. Auch für ein Städtebaurecht wird plädiert. Diese Gesetzgebungszweige könnte man bedingt als „leitungsmäßige" bezeichnen.[8] In ihnen spielen verwaltungsrechtliche Normen eine wesentliche Rolle. Eine solche „leitungsmäßige" Komponente weisen überhaupt die Gesetzgebungszweige auf, die die Rechtsmaterie der Unterzweige des Verwaltungsrechts bzw. dessen „besonderen Teils" wiedergegeben und in die als „Leistungszweige" auch Rechtsnormen des Staatsrechts, des Wirtschaftsrechts, des Zivilrechts, des Strafrechts oder anderer Rechtszweige einfließen.

c) Gesetzgebungszweige können weiterhin in Normativakten in Erscheinung treten, die größer als die Rechtszweige sind und insofern größere strukturelle Gesetzgebungsgebilde darstellen. Sie sind als Rechtszweigverbindung denkbar, die in grundlegenden Hauptzweigen des Rechts eine gemeinsame Wurzel haben. Erfordernisse der Komplexität bei der staatlich-rechtlichen Leitung der Gesellschaft sowie der Gruppenbildung von Rechtsnormen nach Subjekten des Rechts (Adressatenprinzip) sind diesbezügliche Gliederungskriterien. Als ein solcher Gesetzgebungszweig ist zweifellos das Agrarrecht (Landwirtschaftsrecht) zu qualifizieren. In ihm treten Teile des LPG-, Boden-, Arbeits-, Zivil- und Staatsrechts in Synthese in Erscheinung – und das sich als ein Recht der staatlichen Leitung der Landwirtschaft profiliert.[9] Es ist auch denkbar, von der Wirtschaftsgesetzgebung im weiten Sinne zu sprechen, im Sinne der gesamten Gesetzgebung, die sich auf die Regelung der ökonomischen Verhältnisse bezieht. Insofern bezieht sie sich nicht nur auf das Wirtschaftsrecht als seinem Kern als Rechtszweig, sondern auch auf andere Rechtszweige, so das Staatsrecht, Verwaltungsrecht usw. Das Umweltschutzrecht ist ebenfalls als ein solcher Gesetzgebungszweig zu bestimmen, der verschiedene Komponenten anderer Rechtszweige enthält – wobei die verwaltungsrechtliche Seite dominiert.[10]

Diese Vorstellung vom Gesetzgebungssystem geht somit davon aus, daß Hauptgrundlage des Systemaufbaus das System der Rechtszweige ist. Eine weitere Grundlage ist das System der Zweige der staatlichen Leitung. Aber auch Erfordernisse der Komplexität der staatlichen Gesellschaftsleitung sowie des „Adressatenprinzips" sind solche Grundlagen.

Zur Fundierung des Gesetzgebungssystems der DDR sind natürlich weitere staats- und rechtswissenschaftliche Forschungen theoretischer, historischer und soziologischer Art erforderlich. Dabei sind zwei Tatsachen zu berücksichtigen:

Erstens: Das System der Rechtszweige spielt für die Formierung des Gesetzgebungssystems die entscheidende Rolle. Die Rechtszweige kommen in diesem System unterschiedlich zum Ausdruck: 1. in gleichnamigen Gesetzgebungszweigen mehr oder weniger adäquat; 2. in Gesetzgebungszweigen nach staatlichen Leitungsbereichen und in größeren strukturellen Gesetzgebungsgebilden mehr oder weniger komplex als Kombination verschiedener Rechtszweige. Die Rechtszweige bleiben somit Kern des Gesetzgebungssystems. Dies ist ein Indiz dafür, daß der Gesetzgeber die objektiven rechtlichen Gesetze bei der Rechtsetzung zu beachten hat, damit das Recht als Recht wirken kann.

Zweitens: Die Entwicklung zur komplexen Gesetzgebung ist nicht absolut; es darf aber auch nichts vereinfacht werden. Die bewußte Nutzung der objektiven Gesetze schließt die planmäßige Organisation des gesellschaftlichen Zusammenlebens und -wirkens der Menschen ein, insbesondere im materiellen Produktionsprozeß. Dies selbst ist eine objektive Notwendigkeit, die sich mit dem Reifegrad der sozialistischen Gesellschaft weiter ausprägt. Das sozialistische Recht ist ein Instrument, das der Verwirklichung dieser Notwendigkeit dient. Das involviert, daß in den faktischen Inhalt des sozialistischen Rechts mit der juristischen Transformierung objektiver Erfordernisse zugleich Komponenten der Planmäßigkeit der gesellschaftlichen – insbesondere der ökonomischen – Gesetze eingehen. M. E. hat aus der Sicht des hier behandelten Themas, die in der Rechtswissenschaft oft angesprochene „Entwicklung zur komplexen Gesetzgebung" in der eben genannten Tatsache ihre eigentlichen Wurzeln. Ein bestimmter Komplexitätsgrad der Normativakte wird durch diese Planmäßigkeit hervorgerufen. Durch die Komplexität der Gesetzgebung wird gesichert, daß die Hauptfragen des weiteren Aufbaus der kommunistischen Gesellschaftsformation in untrennbarer Einheit von Politik, Ökonomie und Ideologie, die in den programmatisch-strategischen Parteidokumenten ihren Niederschlag finden, entsprechend den Erfordernissen der gesamtgesellschaftlichen Planung in das Recht einfließen. Dabei wird der Gesetzgeber auch die „Grenzen" zwischen den Rechtszweigen überschreiten, d. h. solche Zweige der Gesetzgebung bilden, die diesen objektiven Erfordernissen wirkungsvoll entsprechen. Hieraus resultiert, daß jeder Gesetzgebungszweig in bestimmtem Grade komplex ist. So enthält z. B. der mit dem Zivilrecht gleichnamige Gesetzgebungszweig, Zivilgesetzgebungszweig auch Rechtsnormen des Bodenrechts.[11] Die Komplexität nimmt in Gesetzgebungszweigen, die die Grenzen einzelner Rechtszweige weitgehend überschreiten, eine dominierende Verdichtung an. Aber auch die sich auf mehrere Zweige beziehende Gesetzgebung basiert darauf, daß mehrere Rechtszweige zusammenwirken.

Mit diesen Überlegungen ist zugleich explizit festgestellt, daß sich auch im Gesetzgebungssystem ein Prozeß der Integration und Differenzierung vollzieht. Daß sich nach wie vor bestimmte Gesetzgebungszweige mit bestimmten Rechtszweigen mehr oder weniger decken werden, ist ein Ergebnis der Differenzierung im Recht. Das Zusammenwirken mehrerer Rechtszweige in Gesetzgebungszweigen spricht für die Integration im Recht. Für eine weitere Erforschung des Gesetzgebungssystems sollte man daher der Auffassung, die Differenzierung und Integration im Recht in Richtung Gesetzgebung zu untersuchen, mehr Aufmerksamkeit schenken. Damit wird es künftig auch ermöglicht, die Planung der Gesetzgebung auf eine höhere Stufe zu stellen.

Anmerkungen

1 Bericht des ZK der SED an den X. Parteitag der SED, Berichterstatter Erich Honecker, Berlin 1981, S. 119.

2 Dies impliziert anzuerkennen, daß Rechtssystem und Gesetzgebungssystem bei zweifellos innerem Zusammenfassung auf verschiedenen Ebenen liegen; diese Fragen habe ich bereits ausführlich dargelegt. Vgl. I. Wagner, Rechtstheoretisches zum Verhältnis von sozialistischem Rechtssystem und System der sozialistischen Gesetzgebung, in: Staat und Recht, Heft 7/1979, S. 638 ff.

3 D. A. Kerimow, Philosophische Probleme des Rechts, Berlin 1977, S. 247.

4 Vgl. S. W. Polenina, Das System der Gesetzgebung im entwickelten Sozialismus, in: Staat und Recht, 1979, S. 67 ff.

5 Ebenda, S. 68.

6 So A. F. Schebanow, Das System der Gesetzgebungszweige, Prawowodenie, 1976, Nr. 4.

7 A. Burckhardt, Zur Problematik spezieller Rechts- und Gesetzgebungsgebiete am Beispiel des Veterinärrechts, in: Staat und Recht, Heft 11/1980, S. 1011 ff.

8 So A. F. Schebanow, Das System der Gesetzgebungszweige, a. a. O.

9 Im einzelnen bedarf die Auswertung der langjährigen Diskussionen zum Agrarrecht einer besonderen Erörterung, die hier nicht erfolgen kann.

10 Die Diskussionen zum Umweltschutzrecht können hier nicht weiter berührt werden.

11 Der Vierte Teil des Zivilgesetzbuches (ZGB), der sich mit der Nutzung von Grundstücken und Gebäuden befaßt, gehört zum Bodenrecht.

Carola Luge

Das Zusammenwirken von Staat und gesellschaftlichen Organisationen im Prozeß der Vervollkommnung und Ausgestaltung der Gesetzgebung

In Anbetracht der Ergebnisse der Gesetzgebungsprogramme des VIII. und des IX. Parteitages der SED und des Niveaus sowie der Wirksamkeit der rechtlichen Regelung des gesellschaftlichen Lebens in der Deutschen Demokratischen Republik kann heute, zu Beginn der 80er Jahre, davon ausgegangen werden, daß die Gesetzgebung für die Periode der entwickelten sozialistischen Gesellschaft in der DDR in ihren grundlegenden Seiten und hauptsächlichen Zügen gestaltet worden ist.

Die gegenwärtige Aufgabe der Rechtsetzung besteht darin, die Gesetzgebung der entwickelten sozialistischen Gesellschaft im Rahmen des Ausbaus und der Festigung der sozialistischen Rechtsordnung weiter kontinuierlich zu vervollkommnen und allseitig auszugestalten.[1]

Eine Seite der inhaltlichen Hauptrichtungen zur kontinuierlichen Vervollkommnung und allseitigen Ausgestaltung der sozialistischen Gesetzgebung beinhaltet, die rechtliche Regelung durch neue Elemente im Mechanismus der Regelung gesellschaftlicher Beziehungen und Verhältnisse zu ergänzen und diese mit dem Ziel, eine hohe Wirksamkeit der Regelung zu erreichen, miteinander zu verbinden. Solche Elemente im Mechanismus der Regelung gesellschaftlicher Verhältnisse sind die gemeinsamen Beschlüsse von Partei, Staatsorganen und gesellschaftlichen Organisationen, die Ordnungen der Kombinate, die Betriebskollektivverträge, die Arbeitsordnungen, die Richtlinien des Obersten Gerichts, andere Rechtsverwirklichungsakte, gesellschaftliche Normen rechtsverwirklichenden Charakters u. a.

Diese neuen Elemente im Regelungsmechanismus stehen in aktiver Wechselwirkung mit der sozialistischen Gesetzgebung als Element des staatlich-rechtlichen Überbaus oder sie fließen zum Teil in den staatlich-rechtlichen Überbau ein, was mit ihrer Charakterisierung als Rechtsformen verbunden ist. Der letztgenannte Aspekt sei am Beispiel des Zusammenwirkens von Staat und gesellschaftlichen Organisationen bei der Vervollkommnung der sozialistischen Gesetzgebung und der Erhöhung ihrer gesellschaftlichen Wirksamkeit näher erläutert: Das Zusammenwirken von Staat und gesellschaftlichen Organisationen bei der Vervollkommnung der sozialistischen Gesetzgebung und der Erhöhung ihrer gesellschaftlichen Wirksamkeit ist verbunden mit dem Erlaß von den Aufgaben- und Tätigkeitsbereich gesellschaftlicher Organisationen berührenden Rechtsvorschriften und einem die sozialistische Gesetzgebung ergänzenden, konkretisierenden und auf ihre effektive Verwirklichung gerichteten Normenwerks. Es trägt, wenn es im Zusammenwirken mit staatlichen Organen erlassen wird, teilweise staatlich-rechtlichen Charakter – fließt also in den staatlich-rechtlichen Überbau ein bzw. steht, wenn der staatlich-verbindliche Charakter fehlt, mit dem staatlich-rechtlichen Überbau in enger, aktiver Wechselwirkung und ergänzt wirkungsvoll die staatlich-normative Grundlage der Regelung gesellschaftlicher Verhältnisse.

Durch das Zusammenwirken von Staat und gesellschaftlichen Organisationen bei der Vervollkommnung der Gesetzgebung und der Erhöhung ihrer gesellschaftlichen Wirksamkeit werden insbesondere folgende *Elemente des Regelungsmechanismus* der gesellschaftlichen Verhältnisse geschaffen, welche die sozialistische Gesetzgebung konkretisieren und detaillieren, sie ergänzen und effektivieren bzw. die als gesellschaftliche Normen in enger Wechselwirkung mit der Gesetzgebung stehen und auf ihre schöpferische Verwirklichung gerichtet sind:

1. *Rechtsvorschriften,* die auf der Grundlage des Gesetzesinitiativrechts gesellschaftlicher Organisationen durch staatliche Organe geschaffen werden bzw. Rechtsvorschriften, die gemeinsam von staatlichen Organen und gesellschaftlichen Organisationen erarbeitet und von staatlichen Organen sanktioniert werden bzw. Rechtsvorschriften, die von staatlichen Organen in Übereinstimmung oder Abstimmung mit Leitungen gesellschaftlicher Organisationen erlassen werden.[2]

Diese Rechtsvorschriften berühren von ihrem Regelungsgegenstand her den Aufgaben- und Tätigkeitsbereich gesellschaftlicher Organisationen. Sie erheben grundlegende, objektiv determinierte Interessen und Bedürfnisse von organisierten Kollektiven der Werktätigen zum Staatswillen. Sie gehen von der hohen Verantwortung gesellschaftlicher Organisationen für die selbständige, eigenverantwortliche und sachkundige Gestaltung ihrer Belange aus und sind Ausdruck der engen Verbindung von Sachkunde und demokratischer Aktivität in der Rechtsetzung. Sie verlangen eine breite Basis von staatlichen und gesellschaftlichen Maßnahmen sowie eine hohe Autorität für ihre Realisierung.

2. *Satzungen und Statuten* gesellschaftlicher Organisationen, die auf der Grundlage von zentralen Rechtsvorschriften – insbesondere der Verfassung – ergehen und welche rechtlich geregelte Erfordernisse und Beziehungen bekräftigen, konkretisieren und bereichern und insofern über die jeweiligen Organisationen hinaus wirksam sind. Das betrifft vor allem die Festlegungen über die Pflichten der Mitglieder der gesellschaftlichen Organisationen vor der sozialistischen Gesellschaft und dem Staat in den Satzungen und Statuten.

In den normativen Regelung der Statuten und Satzungen erfolgt die Transformation der Rechtstellung der Bürger in die konkreten Formen ihrer tagtäglichen politischen Tätigkeit.

3. *Beschlüsse, Ordnungen und Grundorientierungen* der Leitungsgremien gesellschaftlicher Organisationen. Beschlüsse, Ordnungen und Grundorientierungen, die auf der Grundlage von Rechtsvorschriften zu ihrer Konkretisierung und Verwirklichung durch die Organisationseinheiten erlassen werden, sind spezifische Normen gesellschaftlicher Organisationen rechtsverwirklichenden Charakters.

Sie gestalten vorrangig Aufgaben und Rechte der entsprechenden gesellschaftlichen Organisationen bei der Durchsetzung konkreter Rechtsvorschriften, die von ihrem Regelungsgegenstand den Aufgaben- und Tätigkeitsbereich gesellschaftlicher Organisationen berühren, verbindlich aus, ergänzen und detaillieren bzw. konkretisieren die Aufgaben- und Rechte-Regelung für die entsprechenden Organisationen aus der rechtlichen Regelung.[3] Mit dem Ziel ihrer effektiven Umsetzung werden die Beschlüsse, Ordnungen und Grundorientierungen der Leitungsgremien gesellschaftlicher Organisationen mit einer Vielzahl von organisatorischen Festlegungen und Maßnahmen gekoppelt.

Ihr Erlaß durch Leitungsgremien gesellschaftlicher Organisationen bildet eine wesentliche Seite der Verwirklichung des sozialistischen Rechts auf breiter sozialer Basis und in kollektiven und organisierten Formen.

4. *Verträge und Vereinbarungen,* die auf der Grundlage von Rechtsvorschriften zwischen zentralen bzw. örtlichen Staatsorganen und zentralen bzw. örtlichen Leitungen gesellschaftlicher Organisationen abgeschlossen werden.[4]

Diese Verträge und Vereinbarungen, die gerade seit dem VIII. Parteitag der SED in großer Zahl abgeschlossen wurden, regeln die Zusammenarbeit der entsprechenden zuständigen staatlichen Organe mit den gesellschaftlichen Organisationen bei der Verwirklichung rechtlich festgelegter Aufgabenstellungen, die durch diese Verträge und Vereinbarungen konkret und detailliert festgelegt werden. Sie regeln ihre Zusammenarbeit für ganze Bereiche der staatlichen Leitungstätigkeit und des gesellschaftlichen Lebens.

In ihrem Schwerpunkt beinhalten dabei diese Verträge und Vereinbarungen Aufgaben der gesellschaftlichen Organisationen bei der Gestaltung spezifischer gesellschaftlicher Verhältnisse auf der Grundlage und in Verwirklichung der entsprechenden zentralen rechtlichen Regelung. Sie beinhalten zugleich Maßnahmen zur politisch-ideologischen, materiellen und finanziellen Unterstützung gesellschaftlicher Organisationen durch die Organe des Staatsapparates.

In diesem Sinne sind die Verträge und Vereinbarungen Rechtsformen, die im Rechtsverwirklichungsprozeß abgeschlossen werden und die zugleich wichtige Leitungsinstrumente der zentralen und örtlichen Organe der Staatsmacht darstellen.

5. *Gemeinsame Beschlüsse* von Partei- und Staatsorganen sowie gesellschaftlichen Organisationen, von Staatsorganen und gesellschaftlichen Organisationen bzw. zwischen gesellschaftlichen Organisationen.[5]

Die gesellschaftliche Praxis seit dem VIII. und IX. Parteitag der SED beweist, daß diese gemeinsamen Beschlüsse bei der Gestaltung der entwickelten sozialistischen Gesellschaft in der DDR besondere Bedeutung im Prozeß der Regelung gesellschaftlicher Verhältnisse erhalten.

Die Mehrzahl dieser gemeinsamen Beschlüsse ist auf die Realisierung der Hauptaufgabe in ihrer Einheit von Wirtschafts- und Sozialpolitik gerichtet. Sie dienen der Regelung von Fragen, die von grundsätzlicher Bedeutung für den Wohlstand des Volkes und die Persönlichkeitsentwicklung sind.

Viele davon beruhen auf Rechtsvorschriften im Range eines Gesetzes. Sie haben organisatorisch-politische Bedeutung im Sinne der konkretisierten und detaillierten durchführenden Regelung bestimmter zentraler Rechtsvorschriften und der Gewährleistung einer hohen Massenwirksamkeit. Sie werden darüber hinaus vielfach noch von einem System von Rechtsvorschriften des sozialistischen Staates, die ebenfalls durchführenden Charakter tragen, ergänzt. Einige gemeinsame Beschlüsse sind juristischer Natur. Sie haben organisatorisch-rechtlichen Charakter und nehmen nach den Gesetzen einen hohen Rang im System der Rechtsvorschriften des sozialistischen Staates ein. Dieser hohe Rang im System der Rechtsvorschriften ergibt sich konkret aus dem Regelungsgegenstand, der diesen gemeinsamen Beschlüssen zugrunde liegt und zugleich bestimmte Grundanforderungen an ihre inhaltliche Gestaltung stellt, desweiteren aus der Stellung des zentralen staatlichen Organs, das dem gemeinsamen Beschluß juristische Verantwortlichkeit verleiht.

Die Vervollkommnung der Gesetzgebung und die Erhöhung der Wirksamkeit der sozialistischen Gesetzgebung durch das Zusammenwirken von staatlichen Organen und gesellschaftlichen Organisationen und die in diesem Prozeß auf der Grundlage von Rechtsvorschriften ergehenden Normen unterschiedlichen Charakters, die den rechtlichen Regelungsmechanismus ergänzen, konkretisieren, verwirklichen helfen und effektive bzw. neue Formen der Regelung in den staatlich-rechtlichen Überbau einführen, müssen ihren Ausdruck zugleich in Formen der Teilnahme und Mitwirkung gesellschaftlicher Organisationen an der Rechtsetzung finden.

Das resultiert wesentlich aus der Notwendigkeit, daß der Rechtsetzungsprozeß selbst sich zunehmend auf breiter demokratischer Grundlage vollzieht und durch die verschiedenen Elemente und Organisationsformen des politischen Systems in allen Phasen mitgetragen wird. Eine wesentliche Rolle kommt dabei der demokratischen Mitwirkung der gesellschaftlichen Organisationen zu, die in der Ordnung über die Vorbereitung und Gestaltung von Rechtsvorschriften ausdrücklich geregelt ist (§ 9, § 10 (3)).[6] Als wesentliche Formen der Teilnahme gesellschaftlicher Organisationen an der Rechtsetzung, die sich in der Praxis der Rechtsetzungstätigkeit der DDR bereits bewährt haben, sind zu nennen:

- das Gesetzesinitiativrecht des FDGB und das Initiativrecht der FDJ, sowie das Recht der Gesetzesinitiative der Fraktionen des FDGB, der FDJ und des KB in der Volkskammer,
- der Erlaß gemeinsamer Rechtsvorschriften durch staatliche Organe und gesellschaftliche Organisationen,
- die Sanktionierung von gesellschaftlichen Organisationen ausgearbeiteten Entwürfen zu Rechtsvorschriften durch staatliche Organe,
- der Erlaß von Rechtsvorschriften durch staatliche Organe in Übereinstimmung mit Leitungen gesellschaftlicher Organisationen,
- die Teilnahme gesellschaftlicher Organisationen an den Diskussionen von Rechtsvorschriften.

Die Spezifik dieser Mitwirkungsformen gesellschaftlicher Organisationen an der Rechtsetzung besteht darin, daß durch sie große organisierte Kollektive von Werktätigen aktiv in die Rechtsetzung einbezogen werden und dadurch die sozialistische Demokratie in breitester Form auch in der Rechtsetzung verwirklicht wird.

Dabei ist insbesondere auf folgende zwei Tendenzen in der Mitwirkung gesellschaftlicher Organisationen an der Rechtsetzung hinzuweisen, die in der Praxis der Rechtsetzung der achtziger Jahre weiter an Bedeutung gewinnen und die einer tiefgründigen wissenschaftlichen Analyse bedürfen:

a) Auf der Grundlage der Ordnung über die Vorbereitung und Gestaltung von Rechtsvorschriften (§ 10 (3) c) wächst die Zahl der Entwürfe von Rechtsvorschriften, die mit Leitungen gesellschaftlicher Organisationen abgestimmt werden, wenn sie deren Aufgaben berühren.[7] Das ist besonders charakteristisch für Rechtsvorschriften, die auf der Ebene der Ministerien und anderer zentraler Staatsorgane ergehen.
Um die Abstimmung zu einem wirklichen Akt der Qualifizierung der Rechtsvorschriften zu gestalten, ist es notwendig, bereits im Prozeß der Vorbereitung der Rechtsvorschriften die Leitungen gesellschaftlicher Organisationen zu konsultieren und solche rechtlich zu regelnden Fragen mit ihnen abzustimmen, die die Interessen und die Tätigkeit der entsprechenden gesellschaftlichen Organisationen betreffen. Die Staats- und Rechtswissenschaft sollte sich unter dem Gesichtspunkt, die Abstimmung zu einen Akt der Qualifizierung der Rechtsvorschriften zu gestalten und die Ordnung über die Vorbereitung und Gestaltung von Rechtsvorschriften mit Leben zu erfüllen, bei der Untersuchung der mit der Vervollkommnung der Rechtsetzung und Gesetzgebung verbundenen Fragen auch dem Problem zuwenden, welchen Inhalt diese Abstimmung haben muß.

b) Gesellschaftliche Organisationen – speziell Fachverbände und wissenschaftliche Gesellschaften – leisten teilweise über ihre überbetrieblichen Fachorgane und zentralen Fachkommissionen bzw. zentralen Arbeitsgruppen hinaus einen spezifischen und wirksamen Beitrag zur Vorbereitung von Rechtsvorschriften. Dieser beeinflußt entscheidend insbesondere die rechtsetzende Tätigkeit auf der Ebene der Fachministerien und zentralen Ämter. Herausgebildet haben sich in der Rechtsetzungspraxis auf der Ebene der Fachministerien in dem Zusammenhang die unmittelbare Mitarbeit der Leitungen gesellschaftlicher Organisationen in den Gersetzgebungskommissionen, die Erarbeitung von Empfehlungen der Leitungen gesellschaftlicher Organisationen für die Vorbereitung von staatlichen Entscheidungen in Rechtsform und die Möglichkeit – in Wahrnehmung des Initiativrechts – selbständig für bestimmte gesellschaftliche Organisationen Regelungsvorschläge bei der Schaffung von Rechtsvorschriften in Gesetzesform, die unmittelbar den Tätigkeitsbereich dieser gesellschaftlichen Organisationen berühren, zu unterbreiten. Wesentlicher Ausgangspunkt für die Teilnahme gesellschaftlicher Organisationen an der Rechtsetzung auf der Ebene der Fachministerien ist, daß die zu schaffende Rechtsvorschrift mit dem inhaltlichen Tätigkeitsbereich einer gesellschaftlichen Organisation verknüpft ist.

Anmerkungen

1 Vgl. Bericht des Zentralkomitees der Sozialistischen Einheitspartei Deutschlands an den X. Parteitag der SED, Berichterstatter Erich Honecker, Berlin 1981, S, 119; Vgl. K. Sorgenicht, Tiefer in die Beschlüsse des X. Parteitages der SED zur weiteren Stärkung der sozialistischen Staatsmacht eindringen, in: Staat und Recht 8/1981, S. 129.

2 Z. B. wurde die Verordnung über die Bewegung der Messe der Meister von morgen vom 29. 1. 1976, GBl. I Nr. 8, S. 141 auf Vorschlag des Zentralrates der FDJ und in Abstimmung mit dem Bundesvorstand des FDGB sowie dem Präsidium der Kammer der Technik und dem Zentralvorstand der DSF durch den Ministerrat erlassen; Beispiele für die von Staatsorganen und gesellschaftlichen Organisationen gemeinsam erarbeiteten und erlassenen Rechtsvorschriften sind der Gemeinsame Beschluß des Ministerrates der DDR und des Zentralrates der FDJ über die Bildung und Verwendung des „Kontos Junger Sozialisten" in VEB, Kombinaten, Staatsorganen und staatlichen Einrichtungen vom 21. 3. 1974, GBl. I Nr. 20, S. 191; Beschluß des Ministerrates der DDR und des Bundesvorstandes des FDGB zur Richtlinie für die jährliche Ausarbeitung der Betriebskollektivverträge vom 10. 7. 1975, GBl. I Nr. 31, S. 581 u. a.; die Musterstatuten der LPG Tierproduktion und der LPG Pflanzenproduktion wurden auf getrennten Kongressen von Genossenschaftsbauern der LPG Tierproduktion und der LPG Pflanzenproduktion beraten und beschlossen und dann dem Ministerrat der DDR vorgelegt, die sie sanktionierte, GBl. I 1977 Nr. 26, S. 317; z. B. erfolgt der Erlaß von gesetzlichen Bestimmungen, die die Entwicklung und Förderung der Jugend betreffen, in Übereinstimmung mit dem sozialistischen Jugendverband, viele Rechtsvorschriften, die Probleme des Handels und der Versorgung regeln, ergehen in Übereinstimmung mit dem VdK usw.

3 So ist zum Beispiel
– die „Ordnung über die gewerkschaftliche Prozeßvertretung und Mitwirkung im arbeitsrechtlichen Verfahren" (Beschluß des Sekretariats des Bundesvorstandes des FDGB vom 1. 8. 1979) auf die Durchsetzung des AGB gerichtet,
– die „Ordnung für die Wahrnehmung der Rechte der Gewerkschaften beim Abschluß, bei der Änderung und der Auflösung von Arbeitsverträgen" (Beschluß des Sekretariats des Bundesvorstandes des FDGB vom 21. 6. 1978) auf die Durchsetzung des AGB gerichtet,
– die Grundorientierung zur Führung des sozialistischen Wettbewerbs (Gemeinsamer Beschluß des Bundesvorstandes des FDGB und des Zentralrates der FDJ von 1974) auf die Durchführung des Jugendgesetzes gerichtet..

4 Z. B. Vereinbarung zwischen Bundesvorstand des FDGB und Ministerium für Nationale Verteidigung über die Zusammenarbeit bei der sozialistischen Wehrerziehung der Arbeiterklasse und aller anderen Werktätigen (1978), die auf der Grundlage des Verteidigungsgesetzes und zu seiner Verwirklichung abgeschlossen wurde; Vereinbarung zwischen dem Ministerium für Umweltschutz und Wasserwirtschaft und dem Präsidium des Anglerverbandes der DDR (1981) auf der Grundlage und in Durchsetzung des Wassergesetzes, des Fischereigesetzes und des Umweltschutzgesetzes; Vereinbarung zwischen dem Amt für Erfindungs- und Patentwesen und dem Präsidium der Kammer der Technik über Aus- und Weiterbildungsmaßnahmen auf dem Gebiet der Neuererbewegung und der Arbeit mit den Schutzrechten (1973) auf der Grundlage der Neuererverordnung und zu ihrer Durchsetzung.

5 Gemeinsamer Beschluß des ZK der SED, des Ministerrates der DDR und des Bundesvorstandes des FDGB über die weitere Erhöhung der Mindestrenten und anderer Renten vom 25. 9. 1979;

Gemeinsame Direktive des Politbüros des ZK der SED, des Bundesvorstandes des FDGB und des Ministerrates der DDR zur Führung der Plandiskussion 1979 vom 1.–2. 7. 1978; Gemeinsamer Beschluß des ZK der SED, des Bundesvorstandes des FDGB und des Ministerrates der DDR über die Verleihung hoher staatlicher Auszeichnungen für hervorragende Wettbewerbsleistungen zu Ehren des 60. Jahrestages der Großen Sozialistischen Oktoberrevolution vom 21. 10. 1977; Gemeinsamer Beschluß des Ministerrates der DDR und des Bundesvorstandes des FDGB zur Richtlinien für die jährliche Ausarbeitung der Betriebskollektivverträge vom 10. 6. 1975, GBl. I 1975, Nr. 31, S. 581; Gemeinsamer Beschluß des Ministerrates der DDR und des Zentralrates der FDJ über die Bildung und Verwendung des „Kontos junger Sozialisten“ in VEB, Kombinaten, Staatsorganen und staatlichen Einrichtungen vom 21. 3. 1974, GBl. I 1974 Nr. 20, S. 191.

6 Vgl. Ordnung über die Vorbereitung und Gestaltung von Rechtsvorschriften – Anlage zum Ministerratsbeschluß vom 25. 7. 1980, GBl. Sonderdruck Nr. 1056, § 8, § 10, (3).

7 Vgl. Verordnung über die Gewährleistung von Stipendien vom 11. 6. 1981, GBl. I 1981 Nr. 17, S. 229, die in Übereinstimmung mit dem FDGB und der FDJ erlassen wurde; Anordnung über die fischereiwirtschaftliche Nutzung der Binnengewässer vom 16. 6. 1981, GBl. I 1981 Nr. 23, S. 281, die in Übereinstimmung mit dem Zentralvorstand der Gewerkschaft Land-, Nahrungsgüter- und Forstwirtschaft und dem DTSB erlassen wurde; Anordnung über die Aus- und Weiterbildung der Bürger im Grundwissen der Zivilverteidigung vom 3. 8. 1981, GBl. I 1981 Nr. 26, S. 313, die in Übereinstimmung mit dem Bundesvorstand des FDGB und zentralen Leitungen anderer gesellschaftlicher Organisationen erlassen wurde.

Gerhard Schulze

Zu den Rechtsgrundlagen der örtlichen Staatsorgane und ihrer weiteren Vervollkommnung

Im Programm der SED wird darauf orientiert, daß der planmäßige Ausbau der sozialistischen Rechtsordnung entsprechend dem Reifegrad des Sozialismus und der Gewährleistung der Rechtssicherheit fester Bestandteil unserer Politik zur weiteren Gestaltung der entwickelten sozialistischen Gesellschaft ist.[1] Einen Schwerpunkt in der Rechtsetzung bildet dabei der Ausbau der Rechtsgrundlagen der staatlichen Leitung und der sozialistischen Demokratie. Entsprechend der marxistisch-leninistischen Konzeption der Partei der Arbeiterklasse, daß die allseitige Stärkung der sozialistischen Staatsmacht eine Grundfrage der sozialistischen Revolution ist, wurde dazu bereits in den zurückliegenden Jahren eine umfangreiche Arbeit geleistet. Das beweisen das Gesetz zur Ergänzung und Änderung der Verfassung der DDR[2], das Gesetz über den Ministerrat der DDR[3], das Gesetz über die örtlichen Volksvertretungen und ihre Organe[4], das Eingabengesetz[5] sowie die Neufassung des Wahlgesetzes[6] und seine Änderung vom 28. 6. 1979[7]. Das zeigt sich in der Neuregelung wesentlicher Grundlagen zur Leitung und Planung der Volkswirtschaft, vor allem in der Verordnung über die volkseigenen Kombinate, Kombinatsbetriebe und volkseigenen Betriebe[8] und der Anordnung über die Ordnung der Planung der Volkswirtschaft 1981–1985[9] mit den Ergänzungen vom 30. 4. 1981[10] und 29. 1. 1982.[11] Schließlich kommt das auch in den Regelungen zur Festigung von Ordnung, Disziplin und Sicherheit zum Ausdruck – wie der Straßerverkehrsordnung[12], der Schulordnung[13] und der Rahmen-Krankenhausordnung[14].

Mit diesen Gesetzen und anderen Rechtsvorschriften wurden zugleich wesentliche Rechtsgrundlagen für die örtlichen Volksvertretungen und ihre Räte, Kommissionen und Abgeordneten geschaffen. Sie ermöglichen es, daß die örtlichen Volksvertretungen und ihre Räte als Glieder der einheitlichen sozialistischen Staatsmacht ihre Verantwortung für die Durchführung der sozialistischen Staatspolitik entsprechend dem Prinzip des demokratischen Zentralismus konsequent wahrnehmen und die Mitwirkung der Bürger an der Leitung und Planung der staatlichen Aufgaben aktiv fördern.

Methodologische Erfahrungen für das wissenschaftliche Herangehen an die Rechtsetzung

Aus den Erfahrungen bei der Ausarbeitung solcher Rechtsvorschriften lassen sich für das Staats- und Verwaltungsrecht eine Reihe von Schlußfolgerungen ableiten, die bei der weiteren Ausgestaltung der Rechtsgrundlagen der staatlichen Leitung und der sozialistischen Demokratie Beachtung verdienen.

Erstens: Für alle rechtsetzerischen Arbeiten ist es wichtig, von den inneren wie äußeren Bedingungen der gesellschaftlichen Entwicklung auszugehen, die mit Hilfe der neuen Rechtsvorschrift geregelt und ausgestaltet werden sollen. Das schließt ein, exakt die neue Qualität der gesellschaftlichen Prozesse zu erfassen, wie sie sich vor allem aus den politischen Aufgaben und der ökonomischen Strategie ergeben und die Konsequenzen in Rechnung stellen, die sich daraus für die weitere Entwicklung der sozialistischen Staats- und Rechtsordnung und der sozialistischen Demokratie ableiten. Es geht dabei in Anbetracht der höheren Anforderungen der 80er Jahre heute in erster Linie um

– die Sicherung eines hohen Leistungsanstiegs der Volkswirtschaft durch die Nutzung von Wissenschaft und Technik und die Verbesserung des Verhältnisses von Aufwand und Ergebnis,

– die Lösung solcher Aufgabenstellungen, wie die rationelle Nutzung der Rohstoffreserven und den sparsamen Umgang mit Energie, Kraftstoff und Material in bisher nicht gekannten Dimensionen,

– die breite Entfaltung der sozialistischen Demokratie, die Wahrnehmung der Grundrechte der Bürger und die Stärkung ihres Verantwortungsbewußtseins für die Belange der Gesellschaft und des Staates und

– den zuverlässigen Schutz der sozialistischen Gesellschafts- und Staatsordnung sowie ihrer Bürger unter den Bedingungen der imperialistischen Hochrüstung und einer forcierten Konfrontationspolitik.

Zweitens: Angesichts des bereits erreichten Standes der rechtlichen Regelungen für die staatliche Leitung und die sozialistische Demokratie kommt es nunmehr in Durchführung der Beschlüsse des X. Parteitages der SED darauf an, die Rechtsordnung der entwickelten sozialistischen Gesellschaft allseitig auszugestalten. Das erfordert, bei künftigen Regelungen von dem bisher geschaffenen und praktisch wirkenden System des sozialistischen Rechts nicht zu abstrahieren, sondern gezielt zu seiner weiteren Vervollkommnung entsprechend den Erfordernissen der dynamischen Entwicklung der Gesellschaft beizutragen. Ich halte es daher für angebracht, auch weiterhin grundsätzliche Regelungen in Form von Gesetzen der Volkskammer zu erlassen.

Besonders auf dem Gebiet des Verwaltungsrechts sollten in der kommenden Zeit in stärkerem Maße komplexe Regelungen angestrebt werden, um vorhandene Zersplitterungen und Unübersichtlichkeiten mehr und mehr abzubauen.

Drittens: Eine wesentliche Voraussetzung für neue Regelungen sind die genaue Analyse bereits geltender Rechtsvorschriften, das Studium der bei ihrer Anwendung in der Praxis gewonnenen Erfahrungen und die verbindliche Verallgemeinerung fortgeschrittener Formen und Methoden.

In der verwaltungsrechtlichen Literatur z. B. begegnen wir heute Forderungen nach allgemeinen verfahrensrechtlichen Regelungen, ohne daß dabei von solchen wichtigen Rechtsvorschriften wie dem Eingabengesetz Notiz genommen und die Erfahrungen aus seiner praktischen Handhabung untersucht werden.[15]

Höhere Anforderungen der 80er Jahre an die örtlichen Staatsorgane

Ein Schwerpunkt der rechtsetzerischen Arbeit auf dem Gebiet des Staats- und Verwaltungsrechts besteht gegenwärtig in der Erfüllung des Auftrages des X. Parteitages der SED, die Wirksamkeit des Gesetzes über die örtlichen Volksvertretungen und ihre Organe zu analysieren und daraus Schlußfolgerungen für seine Präzisierung zu ziehen. „Herangereift ist die Aufgabe, die Verantwortung der örtlichen Staatsorgane auf den einzelnen Leitungsebenen zu überprüfen und das Gesetz über die örtlichen Volksvertretungen und ihre Organe entsprechend dem neuen Entwicklungsstand zu präzisieren."[16]

Die örtlichen Volksvertretungen in den Bezirken, Kreisen, Städten und Gemeinden zeichnen sich heute allerorts durch eine stabile soziale Zusammensetzung, große politische

Reife und enge Massenverbundenheit aus. Immer mehr tritt in ihrer Tätigkeit einer der wichtigsten Vorzüge der sozialistischen Demokratie in Erscheinung; ihr Charakter als arbeitende Körperschaften. Immer besser wird in ihrer Arbeit die Beschlußfassung mit der Durchführung und Kontrolle verbunden. Faktisch alle örtlichen Volksvertretungen halten ihre Tagungen in den gesetzlich vorgeschriebenen Fristen ab. Die Probleme, die in den Tagungen behandelt werden, betreffen vorwiegend Fragen der Erfüllung der Hauptaufgabe in ihrer Einheit von Wirtschafts- und Sozialpolitik. Die örtlichen Volksvertretungen treffen dazu auf der Grundlage der Gesetze und anderen Rechtsvorschriften eigene Entscheidungen, die für die wirtschaftliche und soziale Entwicklung im Territorium, für die Festigung von Ordnung und Disziplin von wichtiger Bedeutung sind und zutiefst das Leben der Bürger berühren. Auch die Autorität der Abgeordneten und die Intensität ihrer massenpolitischen Arbeit unter den Wählern haben sich weiter verstärkt.

Besonders in Durchführung der Beschlüsse des X. Parteitages der SED zeigen sich viele hervorragende Initiativen, die den engen Zusammenhang zwischen dem Leistungsanstieg in der Volkswirtschaft und der lebensnahen, massenverbundenen Tätigkeit der örtlichen Volksvertretungen und ihrer Räte deutlich machen. Im Sinne der ökonomischen Strategie für die 80er Jahre unternehmen sie große Anstrengungen, um örtliche Reserven zu erschließen und die Aktivitäten der Bürger auf hohe volkswirtschaftliche Leistungen zu lenken. Erfolge werden vor allem dort erzielt, wo die örtlichen Volksvertretungen – gestützt auf die Arbeitskollektive in den Kombinaten, Betrieben, Genossenschaften und Einrichtungen – die Bürger des Territoriums umfassend in die Vorbereitung, Durchführung und Kontrolle der Entscheidungen, insbesondere des Planes, einbeziehen und die Durchführung der staatlichen Aufgaben aufs engste mit der politischen Überzeugung der Bürger verbinden.

Am sichtbarsten kommt die neue Qualität in der Arbeit der örtlichen Volksvertretungen und ihrer Räte darin zum Ausdruck, daß sie sich bei der Erfüllung ihrer Aufgaben immer stärker von den gesamtstaatlichen Erfordernissen leiten lassen und ihre Befugnisse als staatliche Machtorgane konsequent wahrnehmen. Gerade in dieser Richtung unterstützen die leitenden Parteiorgane der SED in jeder Weise die Tätigkeit der örtlichen Volksvertretungen, ihrer Räte, Kommissionen und Abgeordneten.

Der X. Parteitag der SED orientiert darauf, auch in der kommenden Zeit zielstrebig „. . . die Kraft der örtlichen Volksvertretungen zu entwickeln, das große Wissen und die reichen politischen und beruflichen Erfahrungen ihrer Abgeordneten zu nutzen.“[17] Die Festigung der Einheit von Beschlußfassung, Durchführung und Kontrolle, die immer aktivere Mitwirkung der örtlichen Volksvertretungen und ihrer Räte an der Lösung gesamtstaatlicher Aufgaben und die weitere Vervollkommnung der demokratischen Formen und Methoden ihrer Arbeit sind dabei die wichtigsten Richtungen, in denen sich unter den gegenwärtigen Bedingungen die Entwicklung der örtlichen Organe der Staatsmacht vollzieht. Die örtlichen Volksvertretungen und ihre Räte haben auch künftig einen wichtigen Beitrag zur Erfüllung der Hauptaufgabe in ihrer Einheit von Wirtschafts- und Sozialpolitik zu leisten. Dafür gilt es, die in ihrem Verantwortungsbereich liegenden großen Potenzen umfassend zu nutzen und die Leitung und Planung der territorialen Entwicklung noch besser für die weitere Intensivierung des volkswirtschaftlichen Reproduktionsprozesses einzusetzen.

Im jeweiligen Territorium ist ein richtiges Verhältnis zwischen Arbeit, Bildungsmöglichkeiten, Wohn- und Erholungsbedingungen sowie Versorgung und Betreuung der Bürger zu sichern. Dafür sind die planmäßige und die analytische Arbeit zu vervollkommnen und die Zusammenarbeit der örtlichen Staatsorgane mit den Kombinaten, Kombinatsbetrieben, Genossenschaften und Einrichtungen zur besseren Beherrschung der wechselseitigen Beziehungen weiter zu qualifizieren. Jede örtliche Volksvertretung und jeder örtliche Rat haben in erster Linie alle Aktivitäten auf die strikte Erfüllung des staatlichen Planes in ihrem Verantwortungsbereich zu richten. Das erfordert, in ihrer Arbeit, komplex an die Entwicklung der Bereiche der örtlichen Räte heranzugehen, die Kräfte und Mittel gezielt für die Lösung von Schwerpunktaufgaben einzusetzen, die sozialistische Gemeinschaftsarbeit breit zu entwickeln sowie Rechenschaftslegung und Kontrolle über die Erfüllung der staatlichen Aufgaben zu verbessern. „Die einheitliche Durchsetzung der Beschlüsse der Partei und Regierung ist der entscheidende Maßstab. Daher sollten die Räte der Bezirke, Kreise, Städte und Gemeinden die Kontrolle über ihre Einhaltung verstärken und darauf einwirken, daß die eigene Verantwortung auf allen Ebenen der staatlichen Leitung voll wahrgenommen wird."[18]

Das Gesetz über die örtlichen Volksvertretungen und ihre Organe hat sich bewährt

Von diesen höheren Ansprüchen, die in den 80er Jahren an die örtlichen Organe der Staatsmacht gestellt sind, ist bei der Überarbeitung des Gesetzes über die örtlichen Volksvertretungen und ihre Organe aufgrund der Forderung des X. Parteitages der SED auszugehen. Dabei darf nicht außer acht gelassen werden, daß sich dieses Gesetz in seiner jetzigen Fassung bewährt und die Tätigkeit der örtlichen Volksvertretungen, ihrer Räte, Kommissionen und Abgeordneten aktiv gefördert hat. Deshalb sollten der Grundsatzcharakter seiner Regelungen sowie der Aufbau und seine Gliederung beibehalten werden. Die Überarbeitung ist darauf zu richten, die örtlichen Volksvertretungen und ihre Organe durch eine präzisere Regelung ihrer Verantwortung entsprechend den neu herangereiften politischen und ökonomischen Bedingungen noch besser zu befähigen, ihre Funktion als Glieder der einheitlichen sozialistischen Staatsmacht aktiv auszuüben, denn die neuen Dimensionen bei der weiteren Gestaltung der entwickelten sozialistischen Gesellschaft setzen voraus, daß die zentrale staatliche Leitung und Planung noch wirksamer mit der schöpferischen Initiative der Werktätigen verbunden und die Verantwortung der örtlichen Staatsorgane ebenso wie der Kombinate und Kombinatsbetriebe für die Erfüllung der zentral beschlossenen Aufgaben entschieden erhöht wird. Auch in der Tätigkeit der örtlichen Volksvertretungen und ihrer Räte besitzt die Verwirklichung der ökonomischen Strategie des X. Parteitages nach den Maßstäben der nachfolgenden ZK-Plenen den Vorrang, um das erreichte materielle und kulturelle Lebensniveau des Volkes zu sichern und schrittweise weiter auszubauen. Unter diesem Gesichtspunkt erscheint es notwendig, für die Überarbeitung des Gesetzes vor allem folgende Probleme neu zu durchdenken:

– Die stärkere Orientierung der örtlichen Staatsorgane auf die Leistungs- und Effektivitätsentwicklung in der Volkswirtschaft sowie auf die konsequente Erfüllung und gezielte Übererfüllung der Pläne in ihrem Verantwortungsbereich;

– die genauere Abgrenzung der Aufgaben, Rechte und Pflichten der örtlichen Volksvertretungen und ihrer Räte in den einzelnen örtlichen Leitungsebenen – Bezirk, Kreis, Stadt und Gemeinde – bei der Leitung und Planung der ökonomischen, sozialen und anderen Bereiche des gesellschaftlichen Lebens;

– die Präzisierung ihrer Verantwortung für die Unterstützung der Leistungsentwicklung der zentral geleiteten Kombinate und Kombinatsbetriebe sowie für die Erhöhung der Leistungskraft der bezirksgeleiteten Industrie und des Bauwesens;

– die Regelung der Verantwortung der örtlichen Staatsorgane für die Durchsetzung einer effektiven Rohstoff- und Energiewirtschaft und die Gewinnung eigener Rohstoffe;

– die weitere Ausgestaltung der Verantwortung der örtlichen Staatsorgane für die Steigerung der landwirtschaftlichen und Nahrungsgüterproduktion sowie die Herstellung der Übereinstimmung des Gesetzes mit den inzwischen getroffenen Neuregelungen für die Leitung der Land- und Nahrungsgüterwirtschaft;
– die Regelung der Verantwortung der örtlichen Staatsorgane für die territoriale Rationalisierung und die Formen und Methoden ihrer Leitung und Planung;
– die Erhöhung der gesellschaftlichen Wirksamkeit der örtlichen Volksvertretungen, ihrer Kommissionen und Abgeordneten, insbesondere in der Arbeit mit den Bürgern;
– die exakte Regelung der Beziehungen zwischen den Staatsorganen in Großstädten mit Stadtbezirken zur besseren Gewährleistung einer einheitlichen Stadtentwicklung und zur engeren Gestaltung der Beziehungen zu den Bürgern.

Für die Überarbeitung des Gesetzes ist es wichtig, die fortgeschrittenen Erfahrungen und besten Ergebnisse der örtlichen Staatsorgane bei der Durchführung der Beschlüsse des X. Parteitages der SED zu analysieren und auszuwerten. Desgleichen sind die Orientierungen und Empfehlungen des Staatsrates der DDR zu beachten, die im Zusammenhang mit der Entgegennahme von Berichterstattungen über Erfahrungen örtlicher Volksvertretungen herausgegeben wurden. Das betrifft z. B. die Empfehlung zur strikten Einhaltung der sozialistischen Gesetzlichkeit und von Ordnung und Sicherheit in allen Bereichen, die Empfehlung zur Unterstützung und Qualifizierung der erstmals gewählten Abgeordneten aufgrund einer Berichterstattung des Bezirkstages Halle und die Empfehlung zur Anwendung fortgeschrittener Erfahrungen der Bezirkstage Karl-Marx-Stadt und Rostock bei der Organisierung der Arbeit zur Durchführung der Beschlüsse des X. Parteitages der SED.

In diesen Empfehlungen des Staatsrates werden bewährte Arbeitsmethoden vermittelt, um bestmögliche territoriale Bedingungen für die volkswirtschaftliche Leistungsentwicklung und damit für die Durchführung des Volkswirtschaftsplanes zu schaffen. Auch die Erfahrungen der sowjetischen Gesetzgebung über die örtlichen Sowjets der Volksdeputierten und der Beschluß des ZK der KPdSU, des Präsidiums des Obersten Sowjets der UdSSR und des Ministerrates der UdSSR „über die weitere Verstärkung der Rolle der Sowjets der Volksdeputierten beim wirtschaftlichen Aufbau verdient Beachtung.[19]

Die Präzisierung des Gesetzes über die örtlichen Volksvertretungen und ihre Organe ist nicht vordergründig darauf gerichtet, diese oder jene Bestimmung zu ändern oder neu zu fassen. Es geht vielmehr darum, die Verantwortung der örtlichen Organe der Staatsmacht unter den neuen Bedingungen der gesellschaftlichen Entwicklung exakt zu bestimmen und die fortgeschrittenen Erfahrungen zu analysieren, die von ihnen bei der Erfüllung der staatlichen Aufgaben in Durchführung der Beschlüsse des X. Parteitages der SED gewonnen werden.[20]

Dabei ist es durchaus denkbar, daß notwendige Maßnahmen zur Erhöhung der Verantwortung der örtlichen Volksvertretungen und ihrer Räte auch vor einer generellen Präzisierung des Gesetzes getroffen werden. Das könnte z. B. hinsichtlich der Stärkung der Verantwortung der örtlichen Staatsorgane in den Kreisen und Gemeinden im Zusammenhang mit dem XII. Bauernkongreß und der Verabschiedung des neuen LPG-Gesetzes der Fall sein.[21]

Anmerkungen

1 Programm der Sozialistischen Einheitspartei Deutschlands, Berlin 1976, S. 43.
2 Gesetz zur Ergänzung und Änderung der Verfassung der Deutschen Demokratischen Republik vom 7. Oktober 1974, GBl. I Nr. 47.
3 Gesetz über den Ministerrat der DDR vom 16 .10. 1972, GBl. I Nr. 16.
4 Gesetz über die örtlichen Volksvertretungen und ihre Organe vom 12. 7. 1973, GBl. I Nr. 32.
5 Eingabengesetz vom 19. 6. 1975, GBl. I Nr. 26.
6 Wahlgesetz vom 24. 6. 1976, GBl. I Nr. 26.
7 Gesetz zur Änderung des Wahlgesetzes vom 28. 6. 1979, GBl. I Nr. 17.
8 Verordnung über die volkseigenen Kombinate, Kombinatsbetriebe und volkseigenen Betriebe vom 8. 11. 1979, GBl. I Nr. 38.
9 Anordnung über die Ordnung der Planung der Volkswirtschaft der DDR 1981–1985 vom 28. 11. 1979, GBl. 1980 Sonderdruck 1020.
10 Anordnung über die Ergänzung der Ordnung der Planung der Volkswirtschaft der DDR 1981 bis 1985 vom 30. 4. 1981, GBl. I Nr. 14, S. 149.
11 Anordnung Nr. 2 über die Ergänzung der Ordnung der Planung der Volkswirtschaft der DDR 1981 bis 1985 vom 29. 1. 1982, GBl. I Nr. 5, S. 109.
12 Straßerverkehrsordnung – StVO – vom 26. 5. 1977, GBl. I Nr. 20.
13 Schulordnung vom 29. 11. 1979, GBl. I Nr. 44.
14 Rahmen-Krankenhausordnung vom 5. 11. 1954, GBl. Nr. 97.
15 Vgl. K. Bönninger, Zu theoretischen Problemen eines Verwaltungsverfahrens und seiner Bedeutung für die Gewährleistung der subjektiven Rechte der Bürger, in: Staat und Recht, 1980, Heft 10, S. 934 ff.
H. Pohl/G. Schulze, Wachsende Rolle des Verwaltungsrechts beim Schutz der Rechte der Bürger, in: Staat und Recht, 1980, Heft 5, S. 397 ff.
16 Bericht des Zentralkomitees der Sozialistischen Einheitspartei Deutschlands an den X. Parteitag der SED, Berichterstatter: Genosse Erich Honecker, Berlin 1981, S. 118.
17 Vgl. Bericht des Zentralkomitees der Sozialistischen Einheitspartei Deutschlands an den X. Parteitag der SED, Berichterstatter: Genosse Erich Honecker, a. a. O., S. 117.
18 3. Tagung des Zentralkomitees der SED. Aus dem Bericht des Politbüros, Berichterstatter: Genosse Erich Honecker, Berlin 1981, S. 51.
19 Beschluß des Zentralkomitees der KPdSU, des Präsidiums des Obersten Sowjets der UdSSR und des Ministerrates der UdSSR „Über die weitere Erhöhung der Rolle der Sowjets der Volksdeputierten beim wirtschaftlchen Aufbau“ vom 19. 3. 1981, Ved. Verchovn. Soveta SSSR, Moskva (1981) 13, S. 305–308.
20 Vgl. H. Pohl/G. Schulze, Wachsende Rolle des Verwaltungsrechts beim Schutz der Rechte der Bürger, in: Staat und Recht, 1981, Heft 5, S. 397 ff.
21 Vgl. dazu S. Petzold, Einige Aufgaben der Staatsrechtswissenschaft zur Vervollkommnung der staatlichen Leitung und Planung nach dem X. Parteitag der SED, in: Staat und Recht, 1981, Heft 9, S. 776.

Fritjof Kunz

Arbeitsrechtsschöpfung und Arbeitsrechtswissenschaft

Der Rechenschaftsbericht des ZK der SED an den X. Parteitag konnte eine positive Bilanz der planmäßigen Gestaltung der sozialistischen Rechtsordnung ziehen. Zu den 74 von der Volkskammer seit dem IX. Parteitag angenommenen Gesetzen zählt auch das neue Arbeitsgesetzbuch (AGB). Das neue AGB stellt nunmehr bereits das zweite umfassende und in sich geschlossene Gesetzeswerk auf dem Gebiete des Arbeitsrechts dar. Es ist auf eine besonders bemerkenswerte Weise demokratisch ausgearbeitet und dabei wissenschaftlich fundiert worden. Seit fast vier Jahren ist es als Kernstück und Garant eines den Anforderungen der weiteren Gestaltung der entwickelten sozialistischen Gesellschaft entsprechenden Gesamtsystems der Normativakte auf dem Gebiete des Arbeitsrechts in Kraft und hat sich in der Praxis bewährt.[1]

Das neue AGB hat als sozialistische Magna Charta der Arbeit, um ein Wort Erich Honeckers aufzugreifen, das Recht auf Arbeit und alle anderen darauf aufbauenden und von ihm abhängenden Grundrechte auf dem Gebiete der Arbeit weiter ausgestaltet und die Rechte der Gewerkschaften erweitert.[2] Es verankert die durch die Arbeiterklasse und ihre Verbündeten erarbeiteten und erkämpften politischen, wirtschaftlichen und sozialen Errungenschaften. Zugleich dient es als ein staatliches und gesellschaftliches Instrument zur weiteren Ausprägung des sozialistischen Charakters der Arbeit in den Arbeitsverhältnissen der Arbeiter und Angestellten, damit der Verbindung der Vorzüge des Sozialismus mit der wissenschaftlich-technischen Revolution, der Verwirklichung der ökonomischen Strategie und auf diesem Wege der weiteren Lösung der Hauptaufgabe. Das AGB und das gesamte Arbeitsrecht ist Ausdruck der Fähigkeit und ein Hebel zur planmäßigen und bewußten Gestaltung der Gesellschaft in ihrem wichtigsten Bereich. Es regelt die Verhältnisse der Angehörigen der Arbeiterklasse im Bereich der unmittelbaren Arbeit, also die, in denen sich kameradschaftliche Zusammenarbeit, gegenseitige Hilfe und bewußtes Zusammenwirken zwischen den Werktätigen und zwischen den Arbeitskollektiven besonders deutlich entwickeln.[3] Es gestaltet die Verhältnisse, in denen das Grundprinzip des Sozialismus „Jeder nach seinen Fähigkeiten, jedem nach seiner Leistung" hauptsächlich verwirklicht wird[4], in denen die grundlegende und wachsende Einheit von gesellschaftlichen, kollektiven und persönlichen Interessen als entscheidende Triebkraft der entwickelten sozialistischen Gesellschaft für die Steigerung der Produktion zu erschließen ist.[5]

Das AGB und das nach seinen Normen handhabbar aufgebaute System aller anderen darauf beruhenden arbeitsrechtlichen Normativakte kündet aber auch den Werktätigen der kapitalistischen Staaten von der rechtsschöpferischen Kraft der befreiten Arbeiterklasse. Es zeugt von der Einheit der politischen, ökonomischen und sozialen Errungenschaften, die eine hohe Rechtskultur ermöglichen und erfordern. Das ist von großer ideologischer Bedeutung in einer Zeit des offenen Eingeständnisses des Staatsmonopolismus in der BRD, angesichts der begonnenen sozialen Demontage zu einer rechtsstaatlichen Grundsätzen entsprechenden Arbeitsrechtsetzung nicht willens und gar zu einer

Kodifikation nicht fähig zu sein. Ein Beleg dafür ist ein Brief des Bundesarbeitsministers vom Juni 1918. In dem Schreiben teilt er den Mitgliedern der 1970 von seinem Vorgänger berufenen Kommission zur Ausarbeitung eines AGB mit, daß er sich entschlossen habe, diese Kommission aufzulösen. Hierzu brachte die Frankfurter Allgemeine Zeitung einen langen Artikel des prominenten Professors für Arbeitsrecht, Bernd Rüthers. Der Autor spricht über die „Abdankung des Gesetzgebers im Arbeitsrecht", schildert die Lose-Blatt-Existenz des Arbeitsrechts anschaulich, weist auf die großen Lücken der Gesetzgebung gerade auf besonders wichtigen Gebieten wie dem des kollektiven Arbeitsrechts hin und beklagt das krankhafte Wuchern des sogenannten Richterrechts. Sein Fazit ist: „Dem Arbeitsrecht fehlt in Grundsatzfragen die Ordnungsmacht eines regelungsfähigen und -willigen Parlaments. Die Regelungs(un)fähigkeit der verfassungsmäßigen Gesetzgeber bewirkt einen schleichenden Verfassungswandel. Er zeigt die Ohnmacht von Regierung und Parlament, mit zentralen ordnungspolitischen Problemen des Arbeitslebens auch nur ansatzweise fertig zu werden. Er überfordert die ‚Ersatzgesetzgebung' der Gerichte, indem er das Bundesarbeitsgericht (BAG) über Jahrzehnte hin zum ‚Primärgesetzgeber' macht. ... Ein politisches System, das Verfassungsaufträge zur Regelung von Lebensfragen des Gemeinwesens nicht mehr verfassungsgemäß erfüllen kann, hat Anlaß, über seinen Fortbestand nachzudenken."[6] Soweit die sachkundige Ansicht eines führenden Arbeitsrechtstheoretikers der Bundesrepublik Deutschlands. Als einer der Mitunterzeichner der Verfassungsklage gegen das Mitbestimmungsgesetz kann ihn kaum jemand sozialistischer Tendenzen verdächtigen. Damit bestätigt sich die vor fast zehn Jahren, also als viele noch an das Gelingen der bundesrepublikanischen AGB-Pläne glaubten, von dem ebenfalls namhaften BRD-Professor Thilo Ramm befürchtete Konsequenz: „Wird die Ablehnung der Kodifikation geistesgeschichtlich eingeordnet, so heißt dies, daß der Liberalismus zu einer Kodifikation des bürgerlichen Rechts fähig war und der Sozialismus das Arbeitsrecht zu kodifizieren vermag, wie die Arbeitsgesetzgebung der östlichen Volksdemokratie zeigt. Das Eingeständnis der Unfähigkeit zur Kodifikation ist demnach nichts anderes als die Behauptung, daß die Bundesrepublik eine Gesellschaft im Umbruch, ein Staat der Übergangszeit ist."[7]

Rechtsschöpfung wird als der Prozeß bezeichnet, in dem der staatliche Wille der in der sozialistischen Gesellschaft politisch herrschenden Arbeiterklasse herausgebildet und in Rechtsnormen festgelegt wird. Die Rechtsschöpfung ist somit ein Bestandteil der Machtverwirklichung durch die Arbeiterklasse mittels ihres sozialistischen Staates. Sie beruht auf der Erkenntnis der objektiven gesellschaftlichen Gesetze und dem erreichten gesellschaftlichen – politischen, ökonomischen, sozialen und ideologischen – Entwicklungsstand und erfolgt unter Mitwirkung aller Werktätigen.[8]

Die Rechtsschöpfung ist im sozialistischen Staat also eine spezifische Form der staatlichen Leitung der Gesellschaft. Die Theorielehrbücher sprechen, wie unsere heutige Tagung, von der Rechtsetzung, einem Begriff, dem ich mich dann anschließe, wenn er sich auch auf die Schaffung von Rechtsvorschriften bezieht, die auch durch kollektive normensetzende Verträge, wie es die Rahmenkollektivverträge sind, erfolgt. Es handelt sich wohlgemerkt um solche kollektiven normensetzenden Verträge, deren einer Partner ein zentrales Staatsorgan, ein Ministerium oder ein gleichgestelltes zentrales Organ, ausgestattet mit einer solchen Befugnis durch das AGB, ist.[9] In diesem Sinne gilt auch für das Arbeitsrecht, daß Rechtsetzung im sozialistischen Staat eine Form der Leitung der Gesellschaft ist, die in der Festsetzung, Änderung und Aufhebung der Normen des sozialistischen Rechts besteht, zu der die staatlichen Organe oder andere Subjekte der Rechtsetzung befugt sind, die vom Staat in Übereinstimmung mit den Prinzipien sozialistischer Demokratie dazu ermächtigt sind. Typisch für das sozialistische Arbeitsrecht ist insgesamt sein demokratisches Wesen, das sich auch bei der Schöpfung der arbeitsrechtlichen Normativakte äußert. Nicht nur der Inhalt des AGB und der anderen arbeitsrechtlichen Vorschriften, sondern auch die Art und Weise ihres Zustandekommens beweisen den hohen Stand der sozialistischen Demokratie bei der staatlichen Leitung und rechtlichen Gestaltung der Arbeitsverhältnisse. Ein Grundsatz der spezifischen Methode des Arbeitsrechts besteht darin, daß die Gewerkschaften aktiv an der Gestaltung der Arbeitsverhältnisse mit Hilfe des Rechts, am Zustandekommen, an der Verwirklichung der arbeitsrechtlichen Normativakte und an der Kontrolle ihrer Einhaltung beteiligt sind.[10] Das wurde bei der Vorbereitung und Diskussion sowie beim Einbringen des AGB-Entwurfs in unsere oberste Volksvertretung besonders anschaulich bewiesen: Die Gewerkschaften haben dabei von ihrem in Artikel 45 der Verfassung verankertem Recht Gebrauch gemacht. Sie haben einen auf einem FDGB-Kongreß beschlossenen Entwurf eines Gesetzes in die Volkskammer über die FDGB-Fraktion eingebracht und so ihr Recht auf Gesetzesinitiative genutzt. Über die bereits früher ausgeübte umfassende Mitwirkung an der Schöpfung von Rechtsakten auf dem Gebiete des Arbeitsrechts hinaus haben sie ihr ihnen durch die sozialistische Verfassung übertragenes Recht auf Gesetzesinitiative aus diesem Anlaß erstmalig in dieser hohen Form der Verbindung von innergewerkschaftlicher und staatlicher Demokratie wahrgenommen.[11] Die Grundorganisationen der Gewerkschaften als umfassendste Klassenorganisation der Arbeiterklasse reichen in alle Betriebe und engeren Arbeitskollektive. Die Leitungen und Vorstände der Industriegewerkschaften und Gewerkschaften werden von den Werktätigen gemäß der Satzung des FDGB demokratisch gewählt. Sie werden dabei direkt an ihrem Handeln gemessen, daran, wie sie die Interessen der Werktätigen vertreten und dabei die Gesetzlichkeit achten. Das ist eine wichtige Garantie für die Verwirklichung und damit für die Erschließung der Übereinstimmung der Interessen von Gesellschaft, Kollektiv und Individuum bei der Schöpfung wie der Durchsetzung des Arbeitsrechts. Es ist so eine wichtige Garantie für die Wissenschaftlichkeit der Arbeitsrechtsschöpfung im Sinne ihrer Verbundenheit mit den aktuellen Problemen des Arbeitslebens der Arbeiterklasse.

Die Gewerkschaften haben sich seit der Gründung unserer Republik wesentliche Verdienste bei der Herausbildung des sozialistischen Arbeitsrechts wie seiner strikten Durchsetzung erworben. Hierzu zählt die Einbeziehung von Ordnung, Disziplin und Sicherheit in den Massenwettbewerb und damit die Erziehung zur Einhaltung des Rechts als ein Gebot sozialistischer Moral. Der verfassungsmäßigen Stellung der Gewerkschaften gemäß Artikel 44 f der Verfassung der DDR entsprechen auch neben den allgemeinen besondere Formen der arbeitsrechtlichen Normativakte, die sich von denen anderer Rechtszweige unterscheiden. Besonders hervorzuheben sind hier die aus dem verfassungsmäßigen Vereinbarungsrecht des Artikel 45 Abs. 1 der Verfassung der DDR erwachsenden kollektiven normensetzenden Verträge. Praktisch bedeutsam sind heute vor allem die zweiglichen Rahmenkollektivverträge gemäß den §§ 10 f und 14 AGB sowie die der Konkretisierung der Rechtsvorschriften und ihrer Durchsetzung dienenden betrieblichen Vereinbarungen mit dem Betriebskollektivvertrag (BKV) gemäß §§ 28 ff AGB als ihrer wichtigsten Form. Das Zusammenspiel von Vorschriften des gesetzten Rechts und von kollektiven normensetzenden Verträgen ist typisch für das Arbeitsrecht der DDR und bedarf in Richtung seiner zukünftigen Entwicklung weiterer Aufmerksamkeit der allgemeinen und der Arbeitsrechtstheorie.

Die Wissenschaftlichkeit der Arbeitsgesetzgebung der DDR wird – wie ein historischer Rückblick leicht beweist – in erster Linie durch ihren Gleichklang mit den Grundmöglichkeiten und -erfordernissen der Entwicklung der Arbeitsverhältnisse der Arbeiter und Angestellten als eines Hauptbestandteils der gesamten gesellschaftlichen Verhältnisse, der besonders eng mit den Produktionsverhältnissen verknüpft ist, ermöglicht. Das aber setzt die führende Rolle der Partei der Arbeiterklasse, eine auf Analysen gestützte Politik des Arbeiter-und-Bauern-Staates zur planmäßigen Entwicklung der Gesellschaft und darin eingeschlossen der Arbeitsverhältnisse der Arbeiter und Angestellten, das allseitige Wirken der Gewerkschaften als Interessenvertreter der Werktätigen, als umfassendste Klassenorganisation der Arbeiterklasse und als Schule des Sozialismus voraus. Gestützt auf die Bestimmung der Ziele der weiteren Gestaltung der gesamten gesellschaftlichen Verhältnisse im allgemeinen und der Arbeitsverhältnisse im besonderen durch die Partei der Arbeiterklasse und den von ihr geführten Arbeiter-und-Bauern-Staat, der hierbei wiederum die Mitwirkung der übergroßen Mehrzahl der Werktätigen durch deren umfassendste Klassenorganisation, die Gewerkschaften, erschließt, kommt dann der Arbeitsrechtswissenschaft ihre spezifischer Platz zu. Sie hat ihre besonderen Möglichkeiten, aus denen sich auch besondere Anforderungen ergeben, um den Ausbau des Arbeitsrechts auf dem Wege der Rechtsetzung theoretisch zu fundieren und konzeptionell zu optimieren. Dabei steht sie jedoch nicht isoliert neben den eigentlichen Initiatoren und Trägern der Arbeitsrechtsetzung: Partei der Arbeiterklasse, Staat und Gewerkschaft. Sie entwickelt sich ebenfalls auf der Grundlage des Marxismus-Leninismus und ist durch vielfältige Fäden mit dem Wirken von Partei, Staat und Gewerkschaft verbunden. Das äußert sich praktisch am Beispiel in der Tätigkeit des Arbeitskreises Arbeitsrecht des Rates für staats- und rechtswissenschaftliche Forschung an der Akademie der Wissenschaften der DDR, dem auch namhafte Praktiker angehören. Andererseits wird es auch sichtbar im Mitwirken von Theoretikern in Gremien der Praxis, wie z. B. der Rechtskommission des Bundesvorstandes der FDGB, in Gesetzgebungskommissionen usw.

Die Geschichte des Arbeitsrechts der DDR entspricht im wesentlichen den bisherigen drei Hauptetappen der gesellschaftlichen Entwicklung:

– In Verwirklichung des Verfassungsauftrages, unter maßgeblicher Mitbestimmung der Werktätigen das Arbeitsrecht zu vereinheitlichen, diente das Gesetz der Arbeit vom 19. April 1950 (GBl. Nr. 46 S. 349) als erstes umfassendes, in sich geschlossenes Arbeitsgesetz der Aufgabe, in allen Bereichen der Gesellschaft – so auch der Arbeitsverhältnisse – planmäßig die Grundlagen des Sozialismus zu schaffen.

– Das GBA vom 12. April 1961 (GBl. I Nr. 5 S. 27) widerspiegelt als erster Arbeitsrechtskodex unserer Republik den Sieg der sozialistischen Produktions- und damit auch Arbeitsverhältnisse und war auf die Bewältigung der Anforderungen gerichtet, die der umfassende Aufbau des Sozialismus stellte.

– Das neue AGB vom 16. Juni 1977 (GBl. I Nr. 18 S. 185) als Gesetzbuch der zweiten Generation geht von der durchgängigen Herrschaft der sozialistischen Produktionsverhältnisse aus und entspricht der Zielstellung des Programms der SED, in der DDR weiterhin die entwickelte sozialistische Gesellschaft zu gestalten und so grundlegende Voraussetzungen für den allmählichen Übergang zum Kommunismus zu erfüllen.

Diese Synchronisation der Hauptzäsuren der gesellschaftlichen Entwicklung mit dem Ausbau des Arbeitsrechts und seiner Kodifizierung läßt den historischen Aspekt der Rechtsetzung deutlich hervortreten. Er ist auch in anderer Hinsicht beachtlich, so z. B. wegen des Einflusses der von der Arbeiterbewegung im Klassenkampf herausgebildeten programmatischen Forderungen, die gemeinsam mit den Lehren der Klassiker des Marxismus-Leninismus die inhaltlichen Zielvorstellungen der Arbeitsrechtsentwicklung prägten und noch prägen. Er läßt sich bis hin zur konkreten Gestalt der Arbeitsrechtsinstitutionen nachverfolgen, wie etwa der Sozialversicherungspflicht und dem ihr korrespondierenden Versicherungsprinzip im Unterschied zu dem in anderen sozialistischen Staaten anerkannten Versorgungsprinzip usw.

Die Festlegung der Etappen und inhaltlichen Aufgaben der Arbeitsrechtsetzung durch die Partei der Arbeiterklasse[12], durch den von ihr geführten Arbeiter-und-Bauern-Staat unter Mitwirkung der Gewerkschaften steckt einerseits den Rahmen für die Mitwirkung der Arbeitsrechtswissenschaft an der Vorbereitung des konkreten Entwurfs des arbeitsrechtlichen Normativakts ab, dessen Gewicht von dem Projekt eines Arbeitsrechtskodex bis hin zu internen Hinweisen für die Ausarbeitung der betrieblichen Arbeitsordnung reichen kann. Andererseits werden für diese Festlegung bereits Arbeitsergebnisse der Arbeitsrechtswissenschaft herangezogen. Diese Ergebnisse und damit die besondere Verantwortung der Arbeitsrechtswissenschaft erwachsen aus ihrem Gegenstand. Zu diesem Gegenstand gehören erstens die Normen bzw. Institutionen des sozialistischen Arbeitsrechts selbst, ihr Wesen und ihre Natur. Zweitens rechnen dazu die typischen Merkmale, die Aufgaben und die Wirkung der Arbeitsrechtsverhältnisse, die im Ergebnis der Einwirkung der Normen des Arbeitsrechts auf die Verhältnisse im Wirkungsbereich entstehen. In diesem Zusammenhang untersucht die Arbeitsrechtswissenschaft drittens die Wechselbeziehungen zwischen den Arbeitsverhältnisssen, insbesondere denen, die Bestandteil der Produktionsverhältnisse sind, und den juristisch-ideologischen Verhältnissen. Weiter befaßt sich die Arbeitsrechtswissenschaft viertens mit den Anschauungen und Theorien des Arbeitsrechts. Fünftens analysiert die Arbeitsrechtswissenschaft vergleichend das Arbeitsrecht anderer sozialistischer Länder, der Staaten mit nichtkapitalistischer Orientierung, aber auch kapitalistischer Länder und die damit verknüpften Anschauungen und Theorien. Sie setzt sich dabei mit antisozialistischen Ideologien aktiv auseinander. Damit sind die Hauptgebiete der Arbeitsrechtswissenschaft genannt. Außerdem hat sie noch andere Fragen zu verfolgen; so die Entwicklung der Arbeit der Internationalen Arbeitsorganisation, damit verbundene Probleme des sogenannten internationalen Arbeitsrechts usw.[13]

Erkenntnisse aus all diesen Gebieten und perspektivbezogene Materialien der Arbeitsrechtstheorie sind eine wichtige Entscheidungsgrundlage für die Partei-, die Staats- und die Gewerkschaftsorgane über die Weiterentwicklung des Arbeitsrechts. Ist diese Entscheidung dann gefallen, sind möglichst breite Erkenntnisse, gezielte detaillierte Analysen und Studien der Arbeitsrechtswissenschaft auf den genannten Teilbereichen ihres Gegenstandes unerläßlich für eine hohe Qualität des zur Beschlußfassung bzw. der vorherigen öffentlichen Diskussion zu unterbreitenden Entwurfs des Normativakts.

Ein anschauliches Beispiel hierfür bietet die Vorbereitung des heute geltenden AGB. Dabei läßt sich feststellen, daß die Mitwirkung der Arbeitsrechtstheorie an der Gesetzgebung in der Vergangenheit parallel zu der wachsenden Qualität von Inhalt und Form der Arbeitsrechtsetzung selbst höher entwickelt wurde. Damit sind auch die Anforderungen gestiegen und werden zukünftig sicher noch weiter zunehmen. Welche hauptsächlichen Forderungen waren bei der Vorbereitung des AGB zu erfüllen?

Die gemeinsame Kommission des Ministerrates und des Bundesvorstandes des FDGB zur Schaffung der Voraussetzungen für die Neugestaltung des Gesetzbuches[14] erwartete von der Arbeitsrechtswissenschaft vor allem, die gesamten geltenden arbeitsrechtlichen Vorschriften auf ihre Überschaubarkeit und Handhabbarkeit hin zu analysieren und, darauf gestützt, Gedanken über den zweckmäßigen Mechanismus der arbeitsrechtlichen Normativakte einschließlich des Aufbaus und Inhalts seines Kernstücks, des neuen Arbeitsgesetzbuches, vorzulegen. Der Arbeitskreis Arbeitsrecht des Rates für staats- und rechtswissenschaftliche Forschung organisierte dazu auf der Grundlage einer von der zentralen Arbeitsgruppe bestätigten Konzeption die Gemeinschaftsarbeit aller Arbeitsrechtswissenschaftler. Zu den einzelnen Gebieten (Kapitel des GBA) wurden zunächst Teilanalysen und -studien vorbereitet, auf deren Grundlage dann eine Arbeitsgruppe des Arbeitskreises die Analyse und die darauf beruhende Studie ausarbeitete.[15]

Zur gleichen Zeit wurden von den Staatsorganen und von den Gewerkschaften gründliche Analysen der Wirksamkeit des damals geltenden GBA und der anderen arbeitsrechtlichen Normativakte in der Praxis vorgenommen und in diesem Rahmen auch die Arbeitsrechtsprechung ausgewertet: Diese Arbeit leisteten u. a. die Zentralvorstände, die Bezirksvorstände des FDGB, Arbeiter aus den Betrieben, erfahrene Gewerkschafts- und Staatsfunktionäre, Arbeitsrechtswissenschaftler, Schöffen sowie Mitglieder von Konfliktkommissionen und gewerkschaftliche Rechtskommissionen.[16]

Notwendig war ferner ein grundlegender Arbeitsrechtsvergleich, der die Erfahrungen der UdSSR wie der einzelnen Unionsrepubliken und der anderen sozialistischen Länder erschloß.

„Die mit der Ausarbeitung des Entwurfs betraute Kommission des Bundesvorstandes des FDGB und des Ministerrates der DDR, die sich aus den Vertretern der staatlichen Organe, der Gewerkschaften, der Wissenschaft usw. zusammensetzte, stützte sich deshalb auf genaue Analysen der bisherigen Wirkungsweise des geltenden Arbeitsrechts."[17]

Eine nächste Aufgabe für Vertreter der Arbeitsrechtswissenschaft war es, an der Formulierung der von ihnen konzeptionell mitentwickelten Linie des Projektes selbst Hand anzulegen, sowohl Verantwortung für die Ausarbeitung einzelner Kapitel des Entwurfs als auch für seine Gesamtfassung, für die breite Diskussion und schließlich Überarbeitung mitzutragen. Das verhinderte von vornherein ein Auseinanderfallen von Konzeption und ihrer Vergegenständlichung im Projekt des Normativaktes, hier also des Entwurfs des neuen Gesetzbuches.

Während dieser Arbeit am Entwurf waren dann noch vielfältige Einzeluntersuchungen, Variantenausarbeitungen, Berechnungen oder doch verläßliche Schätzungen der Vor- und Nachteile von bestimmten Regelungsvarianten, das Einpassen von Einzelregelungen in das gesamte Rechtssystem wie z. B. zum Zivilrecht, zum Verwaltungsrecht, zum Staatsrecht usw. und andere Arbeiten nötig, die theoretische Fundierung verlangen. Schließlich war dabei auch die Übereinstimmung mit Konventionen und Empfehlungen der Internationalen Arbeitsorganisation zu überprüfen. Nicht einfach und doch nötig war die Wertung der ideologischen Wirkung der Neuregelung auch auf nichtsozialistische Länder dahingehend, daß dort der schwere Kampf der ihre erkämpften Rechte verteidigenden Werktätigen und ihrer Gewerkschaften unterstützt und die Vorbildwirkung des sozialistischen Arbeitsrechts gestärkt wird. Die theoretische Arbeit reicht über die Gewährleistung der Einheit von Moral und Recht, so daß jede Regelung später auch als zutiefst moralisch empfunden und deshalb aktiv verwirklicht wird, bis hin zur sprachlichen Durcharbeitung gemeinsam mit kompetenten Fachleuten und Werktätigen der Betriebe.

So stellt die Mitarbeit an der Arbeitsgesetzgebung hohe Anforderungen, insbesondere dann, wenn es sich um Vorarbeiten für Gesetze oder Gesetzbücher handelt. Es hat sich jedoch auch herausgestellt, daß das damit in die Arbeitsrechtswissenschaft gesetzte Vertrauen einen fühlbaren Impuls bedeutete, alle Kräfte für die Lösung der damit verbundenen Aufgaben einzusetzen. Für die kommende Zeit gilt es, systematisch an den Erkenntnissen der Arbeitsrechtstheorie weiter zu arbeiten, die Untersuchungen der Aufgaben und Wirksamkeit des Arbeitsrechts auf den im zentralen Plan der gesellschaftswissenschaftlichen Forschung genannten Gebieten so fortzuführen, daß dabei Rüstzeug auch für die künftig erforderlich werdende Höherentwicklung unseres Arbeitsrechts geschaffen wird.

Anmerkungen

1 Vgl. W. Beyreuther, Drei Jahre Arbeitsgesetzbuch der DDR, in: Arbeit und Arbeitsrecht, Heft 1/1981, S. 3 ff. und ders., Gute Wegstrecke zur Vervollkommnung des Arbeitsrechts, in: Arbeit und Arbeitsrecht, Heft 2/1981, S. 75 ff.

2 Vgl. Bericht des ZK der SED an den X. Parteitag der SED, Berichterstatter: Genosse Erich Honecker, Berlin 1981, S. 115 f.

3 Vgl. Programm der SED, Berlin 1976, S. 20.

4 Vgl. M. Suslow, Führende und richtungsweisende Rolle der Partei wächst ständig, in: Neues Deutschland vom 16. Oktober 1981, S. 6.

5 Vgl. Autorenkollektiv, Sozialistisches Arbeitsrecht – Instrument der Verwirklichung der Einheit von gesellschaftlichen, kollektiven und persönlichen Interessen, Berlin 1980.

6 B. Rüthers, Das stille Begräbnis einer Kommission/Zur Abdankung des Gesetzgebers im Arbeitsrecht, in: Frankfurter Allgemeine Zeitung vom 24. Oktober 1981, S. 15.

7 Th. Ramm, Arbeitsgesetzbuch und politische Entscheidung, in: Zeitschrift für Rechtspolitik, Frankfurt a. M., Heft 1/1972, S. 13 ff.

8 Vgl. das Stichwort „Rechtsschöpfung" in: Wörterbuch zum sozialistischen Staat, Berlin 1974, S. 257 f.

9 Vgl. Marxistisch-leninistische allgemeine Theorie des Staates und des Rechts, Bd. 4, Berlin 1976, S. 224 ff. und Marxistisch-leninistische Staats- und Rechtstheorie, 3. Auflage, Berlin 1980, S. 496 ff.

10 Vgl. Autorenkollektiv unter der Red. von W. S. Andrejew, Sowjetisches Arbeitsrecht, Berlin 1974, S. 24 ff. und S. A. Iwanow, Sowjetische Arbeitsrechtswissenschaft – Probleme und perspektivische Entwicklung, in: Staat und Recht, Heft 8/1976, S. 870 ff.

11 Vgl. W. Hantsche, F. Kunz, Das Arbeitsgesetzbuch – Instrument zur Entfaltung des Schöpfertums und zur weiteren Ausgestaltung der Grundrechte der Werktätigen, in: Staat und Recht, Heft 4/1978, S. 311.

12 Vgl. dazu W. Thiel/P. Sander, Sozialistische Einheitspartei Deutschlands – Initiator unserer Arbeitsgesetzgebung, in: Arbeit und Arbeitsrecht, Heft 9/1976, S. 271 ff. sowie M. Strehmel, Entwicklung des Arbeitsrechts in dreieinhalb Jahrzehnten, in: Arbeit und Arbeitsrecht, Heft 4/1981, S. 161 ff.

13 Vgl. zum Gegenstand und System der Arbeitsrechtswissenschaft: Sowjetisches Arbeitsrecht, a. a. O., S. 33 ff. und S. A. Iwanow, Sowjetische Arbeitsrechtswissenschaft – Probleme und perspektivische Entwicklung, in: Staat und Recht, Heft 8/1976, S. 866 ff.

14 Vgl. dazu: Aus dem Bericht des Politbüros an die 5. Tagung des ZK der SED, Berichterstatter Gerhard Grüneberg, Berlin 1972, S. 19.

15 Vgl. dazu: A. Baumgart, Überlegungen der Arbeitsrechtswissenschaft zur Neugestaltung des Gesetzbuches der Arbeit, in: Staat und Recht, Heft 4/1973, S. 656 ff.

16 H. Heintze, Ein Gesetz zum Wohle der Werktätigen, in: Arbeit und Arbeitsrecht, Heft 10/1977, S. 290.

17 F. Kunz, G. Schüßler, Das neue Arbeitsgesetzbuch – wichtiges Instrument zur Gestaltung der entwickelten sozialistischen Gesellschaft, in: Staat und Recht, Heft 3/1977, S. 233.

Joachim Göhring

Zivilrechtswissenschaft und Gesetzgebung

Völlig zutreffend wird immer dann, wenn über das erfolgreiche Zusammenwirken der Rechtswissenschaft mit den staatlichen Organen bei der Vorbereitung der Gesetzgebung gesprochen wird, auch auf die Ausarbeitung des Zivilgesetzbuches (ZGB) als Kodifikation des sozialistischen Zivilrechts der DDR verwiesen. Die Ausarbeitung des ZGB vollzog sich bekanntlich in einem relativ langen Zeitraum von 1959 bis zum Inkrafttreten am 1. 1. 1976. In der historischen Periodisierung erstreckte sich die Ausarbeitung des ZGB vom Aufbau der Grundlagen des Sozialismus über die Periode des umfassenden Aufbaus des Sozialismus bis in den Abschnitt der Gestaltung der entwickelten sozialistischen Gesellschaft. Ausgehend von den von der Partei der Arbeiterklasse formulierten Aufgabenstellungen für die einzelnen gesellschaftlichen Entwicklungsabschnitte bedurfte es der grundsätzlichen Klärung, welchen Platz das Zivilrecht bei der staatlich-rechtlichen Leitung der sozialistischen gesellschaftlichen Verhältnisse einnimmt und der Erarbeitung entsprechender Vorschläge zur Regelung der einzelnen Komplexe bis hin zur Formulierung einzelner Normen. In diesem Prozeß entwickelten sich vielfältige Formen der Mitwirkung der Wissenschaft. Solche waren:

- grundsätzliche konzeptionelle Beiträge in Monographien, Artikeln und unveröffentlichten Ausarbeitungen;
- Mitarbeit in der Gesetzgebungskommission und ihren Strukturen zur Formulierung der Entwürfe;
- Diskussion der Entwürfe in den Fakultäten bzw. Sektionen;
- Teilnahme an Praxisuntersuchungen, die zur Unterstützung der Abfassung der Entwürfe zu bestimmten Komplexen durchgeführt wurden;
- Teilnahme an der Arbeit der Redaktionskommission des Ministeriums der Justiz;
- Mitarbeit als Fachberater im Verfassungs- und Rechtsausschuß der Volkskammer.

In diesem Prozeß wurden hinsichtlich der Art und Weise und der Form des Zusammenwirkens vielfältige Erfahrungen gesammelt, deren Verallgemeinerung noch heute von Bedeutung ist. Wichtig ist dabei jedoch folgendes:

Es ging seinerzeit um die Überwindung eines Rechtszustandes, der im wesentlichen durch die Weitergeltung des Bürgerlichen Gesetzbuches (BGB) charakterisiert war, das ursprünglich zur Regelung kapitalistischer gesellschaftlicher Verhältnisse im imperialistischen Entwicklungsstadium in preußisch-deutschen Erscheinungsformen erlassen worden war. Mit dem ZGB liegen eine zivilrechtliche Kodifikation und an sie anschließende Nachfolgeregelungen vor, die bewußt in den Prozeß der Gestaltung der entwickelten sozialistischen Gesellschaft eingeordnet wurden und denen die Aufgabe gestellt wurde, primär „die gesellschaftlichen Beziehungen im Bereich der Versorgung der Bevölkerung ... mit hoher Wirksamkeit zu gestalten" (Präambel ZGB, Abs. 2). Es kann folglich nicht um die Überwindung eines Rechtszustandes gehen, sondern darum,

- ob die geltende Regelung insgesamt und im Detail ihrer Aufgabenstellung gerecht wird;

– welche Faktoren die Wirksamkeit behindern und was zu ihrer Überwindung unternommen werden kann; schließlich aber auch darum,
– ob Ergänzungen und Änderungen des Rechtszustandes erforderlich sind, um die Wirksamkeit zu verbessern oder – unter dem Aspekt der Detailregelung – überhaupt erst einmal eintreten zu lassen.

Dabei geht es insbesondere um die Erforschung der Wirksamkeit des sozialistischen Zivilrechts innerhalb der Versorgungsbeziehungen, die eingeordnet sind in den Prozeß der Entwicklung der sozialistischen Lebensweise, und den darum Platz zu bestimmen, den das Zivilrecht bei der Befriedigung der materiellen und kulturellen Bedürfnisse einnimmt, da vielfältige andere gesellschaftliche Beziehungen – rechtlich durch andere Rechtszweige gestaltet – zunächst darauf Einfluß nehmen, ob es überhaupt zu zivilrechtlich geleiteten Versorgungsbeziehungen kommt.

Es geht weiterhin darum festzustellen, ob die zivilrechtlichen Rechtsvorschriften tatsächlich entsprechend ihrer Zielstellung wirksam werden. Die Antwort darauf kann nicht allgemein gegeben werden, sondern sie muß von den hauptsächlichen Versorgungsbeziehungen und ihrer zivilrechtlichen Leitung ausgehen. Wichtige Fragen sind dabei u. a. die Wirksamkeit der zivilrechtlichen Orientierungen an die Hersteller, die Einzelhandels- und Dienstleistungsbetriebe hinsichtlich der Pflichten bei der Begründung und Erfüllung von Zivilrechtsverhältnissen. Das gilt insbesondere auch bezüglich der Durchsetzung der Qualitätsanforderungen, erforderlichenfalls über die Garantieregelung.

Gleichermaßen geht es aber auch um die Wirksamkeit der zivilrechtlichen Regelung, insoweit sie die Bürger zu einem solchen Verhalten stimulieren soll, das den gesellschaftlichen Erfordernissen entspricht. Wichtig ist dabei auch die Fragestellung nach Konfliktursachen, ihrer Vermeidung und Überwindung und damit im engsten Zusammenhang der Wirksamkeit der zivilrechtlichen Verantwortlichkeitsregelung.

Rechtsetzungsarbeit auf dem Gebiete des Zivilrechts hörte jedoch nicht mit dem Inkrafttreten des ZGB auf, sondern zahlreiche Rechtsvorschriften ergingen und ergehen auf Grundlage des ZGB. Auch hier kann gefragt werden, wie sich die guten Erfahrungen aus der Zeit der Erarbeitung des ZGB in der Zusammenarbeit zwischen Wissenschaft und staatlichen Organen fortsetzen. Diese Regelungen kamen nicht überraschend. Das ZGB hatte sie zum Teil „in Auftrag gegeben", so z. B. im § 152 Abs. 3 ZGB die Regelung der Fristen und Bedingungen für die Nachbesserung in der I. DVO zum ZGB.[1] Auch hatte das ZGB mit § 46 den Weg für Nachfolgerregelungen ausdrücklich eröffnet. Er sollte die weitere Ausgestaltung von Vertragsbeziehungen durch Allgemeine Bedingungen ermöglichen. Dabei war und ist es keineswegs so, daß die Bedeutung des § 46 ZGB nicht gesehen wurde oder wird. In dem Zusammenhang sei daran erinnert, daß die Fassung der 1. Lesung des Gesetzes in der Volkskammer bei der endgültigen Annahme verändert wurde, weil in der Diskussion richtig darauf aufmerksam gemacht worden war, daß es bereits von der Formulierung des § 46 ZGB abhinge, ob das Zivilrecht auch in der Zukunft überschaubar bleiben würde.

Auch nach der Annahme des Gesetzes besitzt der § 46 ZGB in der Zivilrechtswissenschaft eine große Bedeutung. Obwohl man von Anfang an bemüht war, § 46 ZGB so zu formulieren, daß die Regelung eindeutig und eine Umgehung der Regelung ausgeschlossen sein sollte, gibt es auf seiner Grundlage verschiedene, sich ausschließende Auffassungen. – Während ein Teil der Zivilrechtler § 46 ZGB so versteht, daß dort die Voraussetzungen für weitere Ausgestaltungen über den Einzelfall hinaus geregelt werden, damit generelle Ausgestaltungen durch örtliche Staatsorgane oder Betriebe nicht erfolgen dürfen, – interpretieren andere die Regelung so, daß nur die zentral erlassenen

Allgemeinen Bedingungen gemeint seien, im übrigen es aber zulässig sein soll, auf anderen Ebenen auch solche generellen Ausgestaltungen vorzunehmen.

Es wird also erforderlich sein, auch diese für das Zivilrecht ganz wesentliche Frage der Gesetzgebung – denn darum handelt es sich im Kern – in der nächsten Zeit einer Klärung zuzuführen. Ich bin der Auffassung, daß eine tiefgründige wissenschaftliche Vorbereitung zu erlassender Allgemeiner Bedingungen dringend geboten ist. Die wissenschaftliche Arbeit sollte sich insbesondere mit der Fragestellung beschäftigen, ob mit der angestrebten Regelung die weitere Ausgestaltung der Vertragsbeziehung so erfolgt, daß Grundpositionen des ZGB entsprochen und auch der Begriffsapparat, den durchzusetzen das ZGB sich vorgenommen hat, respektiert wird.

Im Interesse der weiteren wissenschaftlichen Fundierung ist es m. E. erforderlich, insoweit im Stadium der Vorbereitung zivilrechtlicher Nachfolgeregelungen auf bewährte Formen aus der Zeit der Arbeit am ZGB zurückzugreifen. Bewähren würde sich auch eine ständige Redaktionskommission beim Ministerium der Justiz, in der Vertreter der Zivilrechtswissenschaft mitarbeiten und die immer dann wirksam wird, wenn seitens eines zentralen Staatsorgans der Erlaß von Allgemeinen Leistungsbedingungen (ALB) vorgeschlagen wird.

Anmerkung

1 GBl. I Nr. 2 1977 S. 9.

Erich Buchholz

Strafrechtswissenschaft und Strafgesetzgebung

Die Strafrechtswissenschaft der DDR ist nunmehr über zwei Jahrzehnte aktiv an der Strafgesetzgebung unseres sozialistischen Staates beteiligt. Einen besonderem Umfang und besonderes Gewicht hatte diese Arbeit Ende der 50er und in der ersten Hälfte der 60er Jahre angenommen, als es um die Ausarbeitung des ersten sozialistischen deutschen Strafkodex ging. Die Mitwirkung der Strafrechtswissenschaftler erfolgte in den 70er Jahren bzw. gegenwärtig in spezifischer Weise. Der Unterschied dieser Mitwirkung liegt jedoch nicht so sehr im Umfang und in der Intensität, sondern im Charakter begründet. Zur Ausarbeitung des ersten sozialistischen Strafgesetzbuches (StGB) war es erforderlich, unter Nutzung von Erfahrungen der Sowjetunion und anderer sozialistischer Länder das theoretische Grundkonzept, das Konzept des Gesamtsystems der Strafgesetzgebung und die theoretischen Grundlagen der hauptsächlichsten Rechtsinstitute bzw. Gesetzbuchkapitel zu erarbeiten. Dem entsprach die theoretische Arbeit, die sich mit den Grundlagen des sozialistischen Strafrechts, dem Begriff der Straftat und der Schuld, der strafrechtlichen Verantwortlichkeit und den Aufgaben und Funktionen der Strafe und ihrer Arten sowie mit den Fragen der strafrechtlichen Verantwortlichkeit Jugendlicher und dem Charakter der Straftaten gegen die sozialistische Planwirtschaft, gegen die sozialistische Volkswirtschaft befaßte.

Es dominierten also wesentlich theoretische und konzeptionelle Aufgaben; Aufgaben der Ausarbeitung eines ersten theoretischen Grundsystems der Strafgesetzgebung der DDR. An dieser, in enger Kooperation mit der Praxis und auch mit anderen Wissenschaftsdisziplinen geleisteten Arbeit ist die Strafrechtswissenschaft der DDR spürbar gewachsen. Diese Entwicklung war zugleich die Grundlage für die Erarbeitung von Lehrkommentaren und Lehrbüchern. Mit den 70er und den 80er Jahren stellte bzw. stellt sich die Mitwirkung der Strafrechtswissenschaft an der Gesetzgebung in neuer und noch keineswegs abgeklärter Weise. Dabei wird immer deutlicher, daß die Aufgabe der Rechtswissenschaft und damit die der Wissenschaftler nicht so sehr bzw. nicht nur darin bestehen kann, unter Nutzung ihrer Erkenntnisse und Erfahrungen an der Ausarbeitung von Normativakten bzw. ihrer Änderung, in der Teilnahme an der Ausformulierung von Gesetzesvorschriften mitzuwirken.

Die Aufgabe der Rechtswissenschaft und damit die Aufgabe des Rechtswissenschaftlers muß sich davon unterscheiden und deutlich abheben. Das allerdings verlangt eine Erweiterung der begrifflichen Bestimmung von der Gesetzgebung als lediglich die Ausarbeitung von Rechtsvorschriften bzw. ihre Ausformulierung. Gesetzgebung ist für uns – als Bestandteil der Aufgabe, die sozialistische Rechtsordnung entsprechend dem Reifegrad der sozialistischen Gesellschaft ständig zu vervollkommnen – eine permanente Aufgabe, die nur in Wechselbeziehung zur Praxis der Rechtsanwendung bzw. Rechtsverwirklichung geleistet werden kann. Dies allerdings stellt über die konzeptionelle Arbeit hinaus als Bestandteil und notwendige Voraussetzung der Gesetzgebung auch die Aufgabe der Analyse des Wirkens und der Wirksamkeit der geltenden Gesetze und die Aufgabe ihrer Effektivitätskontrolle. Bei allen Fortschritten auch in der Strafrechtswissenschaft und bei Anerkennung bedeutsamer erbrachter Forschungsergebnisse steht diese Orientierung noch ungenügend im Mittelpunkt unserer Arbeit. Natürlich ist eine solche Arbeit nur gemeinsam mit der Praxis – und möglichst interdisziplinär – zu bewältigen.

War es in der ersten Phase der Gesetzgebung, bei der Schaffung eines neuen, eines ersten sozialistischen Kodex, noch möglich und zumindest in gewissem Maße auch ausreichend gewesen, aus grundlegenden theoretischen Positionen Konsequenzen für die Gesetzgebung abzuleiten, so ist diese Phase heute längst vorbei. Ohne exakte Analyse der sozialen Prozesse, der effektiven Reichweite unserer Gesetze, der Wirksamkeit vorgesehener Sanktionen, der günstigen und weniger günstigen bzw. hemmenden Bedingungen dieser Wirksamkeit, ist es heute absolut unmöglich, anspruchsvolle Gesetzgebungsarbeit im Sinne einer ständigen Vervollkommnung der sozialistischen Rechtsordnung zu leisten. Das aber ist eine echte und sehr schwierige wissenschaftliche Aufgabe, für deren Bewältigung noch manche methodologischen und methodischen Voraussetzungen fehlen. Diese Problematik sei an einigen Beispielen verdeutlicht.

Erstens: Relativ einfach und faßbar sind solche neu entstehenden Erfordernisse der Gesetzgebung zu beachten und umzusetzen, die sich daraus ergeben, daß in gesellschaftlich relevantem Maße strafwürdige Handlungen auftreten, die durch die geltende Strafrechtsordnung nicht oder nicht adäquat erfaßt werden können und daher die Frage nach einer Gesetzesänderung aufwerfen. Das für solche Gesetzgebungsarbeit erforderliche empirische Ausgangsmaterial ergibt sich weitgehend aus der täglichen Praxis der strafrechtlichen Rechtsanwendung; eine auswertende Analyse eines solchen Materials wäre nicht allzu kompliziert.

Zweitens: Weit komplizierter, weil komplexer, stellt sich dagegen die gesetzgeberische Frage in den Bereichen der Anwendung der strafrechtlichen Maßnahmen und des Verfahrensrechts. Probleme, die hier auftreten, sind nicht einfach nur Fragen des Fehlens entsprechender adäquater Rechtsvorschriften, sondern betreffen in differenziertester Weise Fragen verschiedener sozialer Bedingungen, des Arbeitsstils, der Durchsetzung der Politik der Partei.

Man kann mit Fug und Recht behaupten, daß unser geltendes aktuelles System strafrechtlicher Maßnahmen sich nicht nur prinzipiell bewährt hat, sondern für einen längeren historischen Zeitraum zumindest im wesentlichen den gesellschaftlichen Erfordernissen entsprechen dürfte. Unterschiedlich, ja teilweise beträchtlich unterschiedlich, ist jedoch die reale Effektivität, die reale Anwendung verschiedener Maßnahmen, unterschiedlich sind auch die sozialen Bedingungen für ihre Verwirklichung und für die konkret praktizierten Arbeitsstile.

Eine rein juristisch orientierte Denkweise einer Gesetzgebung, die nur darauf gerichtet wäre, durch gesetzliche Änderungen bessere Ergebnisse erreichen zu wollen, würde am Leben, an der realen gesellschaftlichen Praxis vorbeigehen und nichts Konstruktives bewirken. Um tatsächlich eine höhere Stufe der Vervollkommnung unserer Rechtsordnung zu erklimmen, bedarf es sehr subtiler, differenzierter Untersuchungen der realen gesellschaftlichen Gründe, wesentlich auch ideologischer aber auch sozialökonomischer und sozialdemografischer Gründe, die unterschiedliche Resultate bei der Anwendung strafrechtlicher Maßnahmen wirklich erklären.

So notwendig diese Forschungsaufgaben sind, so stehen wir jedoch, insbesondere auch methodologisch und methodisch, in dieser Hinsicht noch sehr am Anfang. Die Sichtung von Strafurteilen und Strafakten, die Teilnahme an Revisionen in der Justizpraxis, selbst wenn diese mit Exkursionen in bestimmte soziale Bereiche, z. B. Betriebe, verbunden werden, erschließen uns die gesellschaftliche Realität des Wirkens unseres Strafrechts doch noch zu einseitig aus der Sichtweise der Strafjustiz. Solche Untersuchungen sind wertvoll und nützlich, jedoch müssen sie schrittweise mit weiteren sozialen Studien oder Untersuchungen verbunden werden, die auch von anderen Rechtszweigen, von anderen staatlichen und gesellschaftlichen Organen und anderen wissenschaftlichen Disziplinen getragen bzw. durchgeführt werden. Ohne Einbeziehung dieser Erkenntnisse über die dynamisch-widersprüchlichen Prozesse unserer gesellschaftlichen Entwicklung bleiben unsere Schlußfolgerungen vordergründig oder einseitig. So wirken sich z. B. auf die Haltung verschiedener sozialer Gruppen gegenüber unserem Strafrecht – auch differenziert nach verschiedenen Deliktarten – ideologische Positionen, tradierte Denkvorstellungen, Moralkonzeptionen und auch soziale Praktiken aus, die durch eine lediglich vom Strafrecht ausgehende Untersuchung nicht erschlossen, bestenfalls erahnt werden können. Oder: Die Wirksamkeit strafrechtlicher Maßnahmen gegenüber jungen Straftätern, minderjährigen und auch jungen Erwachsenen, wird wesentlich durch positive wie negative Erziehungsresultate beeinflußt, die durch Familie, Volksbildungseinrichtungen, Jugend- bzw. Kinderorganisationen, das Vorleben der Erwachsenen u. a. m. lange zuvor gesetzt worden sind. Ohne Kenntnis dieser Zusammenhänge ist es schwer, begründet Fragen der Gesetzgebung zu stellen, geschweige denn, sie zu beantworten.

Es bedarf also schrittweise und differenziert sehr komplex und interdisziplinär angelegter soziologischer (oder sozialwissenschaftlicher) Untersuchungen, vor allem der sozialen (politischen, ideologischen, ökonomischen, demografischen usw.) Bedingungen, unter denen unser Recht wirkt und von denen maßgeblich auch seine Wirksamkeit abhängt. Wahrscheinlich sollten wir für die Forschungen des nächsten Fünfjahrplans von vornherein auf noch komplexere, auf bestimmte soziale Bereiche abgestellte Forschungsthemen orientieren.

Drittens: Ein weiterer damit verbundener Aspekt wissenschaftlicher Arbeit auf dem Gebiet der Gesetzgebung betrifft die rechtsvergleichende Forschung. In dem Zusammenhang wurden schon lange Erfahrungen anderer sozialistischer Länder genutzt und auch bestimmte Studien durchgeführt. Eine wesentliche Frage ist dabei die, wie können wir tiefgründiger die realen Gemeinsamkeiten und Unterschiede unserer sozialistischen Länder auf diesem Gebiet analytisch so erfassen, daß sie über eine Untersuchung der Rechtsvorschriften und ihre justizielle Anwendung, also auch über die Verteilung der Strafarten und die erkennbare Nutzung gesellschaftlicher Potenzen hinausgehen. Es ist bekannt, daß in den einzelnen Ländern eine unterschiedliche Praxis dabei geübt wird. Solange wir jedoch die Gründe dafür noch nicht hinreichend faßbar und vergleichbar vor uns haben, ist es schwer, Konsequenzen aus rechtsvergleichender Arbeit für die Gesetzgebung zu ziehen oder gar die Güte erreichter Niveaustufen zu beurteilen. Auch hier sollte ein nächster Schritt in die Richtung gemeinsamer vertiefter soziologischer (oder sozialwissenschaftlicher) Untersuchungen gehen, die jedes Land für sich selbst – vielleicht nach gewissen vergleichbaren oder gemeinsamen Parametern anzustellen hätte.

Viertens: Schließlich wirft gerade auch die rechtsvergleichende Untersuchung die Frage nach einem vielleicht der schwierigsten Probleme der Effektivitätskontrolle bzw. Wirksamkeitsuntersuchung als Bestandteil und Vorstufe wissenschaftlich begründeter Gesetzgebung auf. Es ist die Frage nach der Handhabung bestimmter Rechtsanwendungspraxis, nach bestimmten Arbeitsmethoden und -stilen der betreffenden staatlichen Organe, die keineswegs völlig frei von irgendwelchen tradierten Praktiken sind. Obwohl ein neues sozialistisches Strafverfahren praktiziert wird, das sich durch eine neue

Qualität und eine grundsätzliche neue Staat-Bürger-Beziehung auszeichnet, so sollten wir doch nicht glauben, daß all unsere Formen, Anreden, Formeln und Formulare usw. völlig frei von Vergangenem und aus recht alter Zeit Überkommenem wären. Sicher haben viele dieser Formen auch für die bewußte Gestaltung unserer Staat-Bürger-Beziehungen für die Gestaltung der Autorität unserer Gerichte und für die Wirksamkeit ihrer Entscheidungen Bedeutung. Wir haben aber noch nicht genügend untersucht, welche davon auch in späterer Zukunft beizubehalten wären, welche sich vielleicht doch als Barriere oder Hemmnis für die Freisetzung der schöpferischen Initiative der Werktätigen bei uns darstellen oder erweisen könnten. Es versteht sich, daß auch solche Frage – die auch schließlich eine Frage der Gesetzgebung werden kann – nicht durch Ableitung aus abstrakten soziologischer Prinzipien beantwortbar ist, sondern nur im Ergebnis tiefgreifender sozialistischer Untersuchungen gelöst werden kann.

Grundanliegen meines Beitrages ist somit: Der spezifische Beitrag der Wissenschaft zur Gesetzgebung muß ganz wesentlich auf dem Feld sozialer Analysen über die reale Wirkungsweise und Wirksamkeit unseres sozialistischen Rechts liegen, um dadurch bedeutsame rechtspolitische Entscheidungsgrundlagen zu schaffen. Dabei ist die konkret-historische Analyse ein wichtiges methodologisches Arbeitsprinzip.

Autorenverzeichnis

Prof. Dr. Erich Buchholz
Sektion Rechtswissenschaft der Humboldt-Universität zu Berlin

Prof. Dr. Joachim Göhring
Sektion Rechtswissenschaft der Humboldt-Universität zu Berlin

Prof. Dr. Fritjof Kunz
Akademie für Staats- und Rechtswissenschaft der DDR, Potsdam-Babelsberg

Dr. Gustav A. Lübchen
Ministerium der Justiz der DDR

Dr. sc. Carola Luge
Akademie für Staats- und Rechtswissenschaft der DDR, Potsdam-Babelsberg

Prof. Dr. Karl A. Mollnau
Institut für Theorie des Staates und des Rechts der Akademie der Wissenschaften der DDR, Berlin

Prof. Dr. Traute Schönrath
Sektion Rechtswissenschaft der Karl-Marx-Universität, Leipzig

Prof. Dr. Gerhard Schulze
Akademie für Staats- und Rechtswissenschaft der DDR, Potsdam-Babelsberg

Prof. Dr. Ingo Wagner
Sektion Rechtswissenschaft der Karl-Marx-Universität, Leipzig

Prof. Dr. Wolfgang Weichelt
Institut für Theorie des Staates und des Rechts der Akademie der Wissenschaften der DDR, Berlin

Bei Fragen zur Produktsicherheit wenden Sie sich bitte an:
If you have any questions regarding product safety,
please contact:

Walter de Gruyter GmbH
Genthiner Straße 13
10785 Berlin
productsafety@degruyterbrill.com